Isolde Schaad

Vom Einen. *Literatur und Geschlecht*

Elf Porträts aus der Gefahrenzone

Limmat Verlag
Zürich

Im Internet
Informationen zu Autorinnen und Autoren
Materialien zu Büchern
Hinweise auf Veranstaltungen
Schreiben Sie uns Ihre Meinung zu diesem Buch
www.limmatverlag.ch

Umschlagzeichnung von Hannes Binder
Typographie von Trix Krebs

ISBN 3 85791 465 3

Inhalt

Vorrede der Autorin

Schöne Literatur soll sexy sein, verkünden neuerdings ihre Anbieter. Und Schriftsteller haben ja tatsächlich ein Geschlecht, wie ihr Nachbar auch, der vielleicht Elektromonteur oder Mathematiklehrerin ist. Doch im Unterschied zu ihnen, von denen nichts anderes als formales Know-how erwartet wird, halten wir das Schreiben des Schriftstellers, der Schriftstellerin schon für ein Bekenntnis an sich. Ein Roman, und erst recht das Gedicht, ist uns Geständnis, denn an der Seele baumelt ein Leib. Seit Flaubert gesagt hat, «Madame Bovary, c'est moi», halten wir jedes Stück Fiktion für eine Ladung Coming-out. Aha, dieser Bodo Kirchhoff muss also ein echter «Wichser» sein, denken wir, wenn sein Held es mit sich selber vor dem Spiegel treibt. Oder: die Jelinek wird ein schön verkorkstes Sex-Life führen, so wie sich ihre unglückliche Protagonistin Erika Kohut mit der Schere zurichtet. Ist er, und muss sie? Ganz abgesehen davon, dass Flaubert falsch rezipiert worden ist. Klassiker werden meistens falsch zitiert.

Die geneigte Leserschaft weiss, dass das Autoren-Ich vom Ich-Erzähler zu unterscheiden ist. Das Autoren-Ich sitzt in allen Figuren, es nistet in allen Umständen und es gurgelt in allen Sätzen. Denn der Autor, die Autorin ist der Text selbst, dafür braucht man nicht den ganzen Derrida zu lesen, der diese Erkenntnis ausschweifend theoretisch poetisch aus seiner phänomenalen Gehirnwindung wickelt. (Was man unbegreiflicherweise Dekonstruktion nennt.)

Die Lektüre seiner «Postkarte» genügt – und ist ein Genuss, hat man sich einmal hineingekniet. Und so wird unser plattes Vorurteil schliesslich wissenschaftlich besiegelt. Es ist also doch so: Im Schreiben lieben und hassen sie, ihre Figuren wie sich selbst, ihren Stoff wie sein Gegengift. Und das gilt für alles, was sie schreiben, sogar für ein Vorwort. Aus diesem Grund hat Martin Walser abgelehnt, eine Rede für die Buchvernissage von Richard von Weizsäckers Memoiren zu verfassen, er meinte, für einen Autor, der in seinen Memoiren nicht sage, wen er geliebt und wen er gehasst habe, könne er nichts tun.

Nun gibt es berühmte Autoren, die tun erst gar nicht so, als habe der Erzähler nichts mit ihnen am Hut. Bei Philip Roth sprechen allein schon die Buchtitel für sich: «Patrimony», «My Life as a Man», «I Married a Communist». Roth unterhält lauter Ich-Erzähler, die ihre Geschichte (fast) immer dem Alter Ego Nathan Zuckerman zur Begutachtung unterbreiten, er kann sich mit einer geradezu furiosen Empathie in andere Personen versetzen. Und zwar, um aus ihnen zu sprechen, etwa als die verzweifelte Französin Delphine Roux, Philo-Professorin und Bildungssnob unter den Yankees der akademischen Provinz in «The Human Stain» oder als Enfant terrible, eine aus der jüdischen Handschuhfabrikantendynastie entflohene Tochter, die in «American Pastoral» erst eine Karriere als Terroristin und dann eine als pazifistische Sektenanhängerin hinter sich bringt. Roth ist also nicht, wie die Kunde geht, ein sexistisch wütender Chauvi, sondern ein Autor, der sich für seine weiblichen Protagonisten über die Gürtellinie hinaus interessiert. Ach was, das ist viel zu blass gesagt, er ist vielmehr in diese Heldinnen der Negation äusserst verschossen, er wird durch sie und mit ihnen eine mit Recht wütende Feministin, eine vor nichts zurückschreckende Anarchistin, eine das Herkunftsmilieu mit Verachtung strafende Rebellin, er geht auf geradezu ätzende Weise in den psychosozialen Untergrund seiner Gewährsfrau. Und weiter: er ist, wenn er schreibt, diese Frau.

Auch in Martin Walsers neuestem Roman «Der Augenblick der Liebe» verjüngt sich der Erzähler durch die Perspektive seiner weiblichen Hauptperson, eine in den USA doktorierende cand. phil. mit unendlich blauen Augen, lüstern geschürzten Lippen und einer schwerwiegenden Schuhmode an den Füssen. Es ist erfrischend zu lesen, wie dieser mit über fünfzig Romantiteln mehr als bewährte Autor in diesem neuen Werk, das man Alterswerk zu nennen sich genieren wird, in die Haut der Enkelinnengeneration schlüpft, um aus ihr heraus bauch-und-kopf-zu-reden, in einem raschen, sich überstürzenden Seelenstaccato. Oder dann zu referieren in einem typischen Campus-Slang, als hätte dieser über 77-jährige Autor soeben in Berkeley, California, seinen Master gemacht. Als sei es ein Stück von mir, besagt diese Fiktion, und ist ganz bei sich.

Wer berühmt wird, durch die Künste oder die Wissenschaft, bekommt als Berühmtheit ein Image wie eine Ohrfeige aufgeklatscht. Das Image orientiert sich am Geschlecht, und nicht am Geist und wird später die Mutter der kommenden Homestory aller Medienpfauenfedern. Das Image ist unfrei erfunden, verschattet die reale Person oder bläht sie auf. Man staunt dann, wie zierlich Ingeborg Bachmann in Wirklichkeit war und wie klein von Wuchs die grosse Arendt, und auch Elfriede Jelinek ist fragiler, als man sie sich vorstellt. Von ihnen hatte man Vorvorstellungen, als Hoheiten der Dissidenz.

Das Image hängt Frauen mehr an als Männern, Handke kann sagen, was er will, seine Kundschaft bleibt ihm treu. Ebenso Enzensberger. Hannah Arendt hat hingegen nicht mit der Entrüstung gerechnet, die ihr Statement über den Massenmörder Eichmann hervorrief. (Dass er ein ganz banaler Mensch sei.) Und über die Pionierin des modernen Feminismus liest man schon vor dem Tode die übelsten Nekrologe: Eine wie diese Simone de Beauvoir, die sich der Promiskuität verschreibt, um den Begriff salopp anzuwenden, zumal sie es neben Liebhabern auch mit Schülerinnen treiben soll, wie die Konkurrenz ihr unterstellt, möchte man am liebsten in den Orkus schicken. Nein, sie sind allesamt nicht identisch mit ihrem Image. Wer hätte von einem «kettenrauchenden Mannweib» wie Hannah Arendt gedacht, dass ihr das Wort Liebe so leicht über die Zunge gleitet, als handle es sich um ein Hustenbonbon? Allerdings betont sie dabei, dass man nur Personen, und nicht etwa ein Volk, lieben könne, was ihr wiederum übel genommen wird. Während man von Jelinek, die seit dreissig Jahren solide verheiratet ist, in Herzensdingen rein gar nichts erwartet. Umso mehr Bekenntnis, Geständnis wollte man aus Ingeborg Bachmann herauspressen, die man zur grossen Tragischen der deutschen Nachkriegsdichtung stilisiert hat. Weil man sie wohl als grosse Tragische rezeptorisch besser in den Griff zu kriegen glaubte. «Werch ein Illtum!», würde Ernst Jandl sagen, der hier leider nicht vorkommt. Susan Sontag hat sich heraushalten können, sie thront jenseits der Geschlechterfrage, während Barbara Sichtermann diese sozusagen mit dem Skalpell behandelt: Alles Böse daran wird entfernt.

Ihr Leben könnte nicht unterschiedlicher sein, aber eins teilen sie alle: die Abkehr von der Norm. Dadurch werden sie, ohne zu es zu wissen, zu Vorläuferinnen einer neuen erotischen Identität, die zu ihrer Zeit noch keinen Namen hat. Gender, das Geschlecht, das sich sozial definiert. Nach Jahrzehnten scheint es zu greifen: Männer entdecken den weiblichen Anteil in sich, Frauen betreiben Bodybuilding und Homosexuelle treten vor den Traualtar. Das Neueste der Szene ist die soziale Allianz der alternden Hetera mit dem jüngeren schwulen Mann oder der nicht mehr taufrischen Lesbe mit dem Kavalier ihrer frühen Jahre. Auch tut sich zu sozialen Zwecken etwa der betagte Homo-VIP mit der Gesellschaftsnudel höheren Anspruchs zusammen. Was für ein erfinderisches, buntes Völkchen ist doch dieser Kulturbetrieb! Marcel Duchamp, der Kunstvertreter in diesem Buch, wäre von dieser Tendenz, die er sozusagen vorgelebt hat, nicht überrascht. Man kann ihn durchaus als einen Pionier der Gendergesellschaft betrachten. Auch Hans Werner Henze, der Komponist, hat seine frühe Zeit am andern sexuellen Ufer als die glücklichste seines Lebens bezeichnet, dann sei die zur Poesie beflügelte Freundin an seiner Seite leider zu einer «anstrengenderen und konkreteren Praxis mit einem Mann namens Frisch übergelaufen».

Das vorliegende Buch fragt nach dem Geschlecht des Schreibens – ohne einen angestrengten Feminismus zu bedienen; der hat sich inzwischen aus der Basis der Frauenbewegung davongemacht und in die akademische Nische verzogen. Gibt es ein weibliches Schreiben, und wenn, woran ist es zu erkennen? Das ist im Jahre 2004 eine Frage, die eine Gendergesellschaft, welche Differenz und Vielfalt anstrebt, neu stellen muss, indem sie jeder Autorschaft Autonomie zuschreibt.

Dieses Buch widmet sich Persönlichkeiten aus dem Zeitalter

des starken Geschlechts, als Mann und Frau aufs Himmlischste oder Teuflischste in einem erotischen Dualismus verstrickt sind, wenn nicht in eine süsse Antinomie. Es ist die Zeitspanne des Aufbruchs zwischen dem Existentialismus, der 68er- und der 80er-Revolte, und wer links denkt, untersteht dem Sartre'schen Leitsatz: Das Private ist öffentlich. Ein Gebot, das jedem Dichter die persönliche, und das heisst dann, die politische Stellungnahme abverlangt. Was eine Ingeborg Bachmann fast (oder vielleicht ganz) umgebracht hat, weil sie mit dem Gestus der intellektuellen Selbstentblössung daherkam, die auch das Schlafzimmer mitmeinte. Daraus entstand, vorwiegend an der Männerfront, eine Flucht nach vorn. Max Frisch kommt uns von vornherein als Bekenner, das fängt schon im ersten Tagebuch an und kulminiert in der Erzählung «Montauk» mit dem Motto: Leser, dies ist ein aufrichtiges Buch. Nun ist die literarische Gattung «Tagebuch» noch kein Garant für die Confession sentimentale, auch wenn bei Frisch das Tagebuch – sagen wir, in Ermangelung eines besseren Ausdrucks – Authentizität konstruiert. Im Allgemeinen geben Tagebücher bloss vordergründige Antworten, ich behaupte, die wahre Besessenheit sparen sie aus. Das wissen wir nicht erst seit Anaïs Nin und ihrer verlegerisch zensurierten Passion für Henri Miller, die auch in der ungekürzten Spätausgabe nicht mehr über diese beiden Autoren als Erotomanen aussagt. Der Dichter Peter Rühmkorf, sonst der Offenherzigste aus den «Jahren, die ihr kennt», verschweigt uns in seinem gross angelegten «Tabu» zwar nicht seine mit den Jahrgängen zunehmende Lolita-Lüsternheit, berichtet uns aber rein gar nichts über die dauerhafte Ehe mit Eva, der Politikerin und SPD-Abgeordneten, die uns weit mehr interessiert hätte und von der wir bloss zwischen den Zeilen erraten, dass er stolz auf sie ist.

Sollten Tagebuch-Notate das Intimleben ausbreiten, wie das der alte Thomas Mann beinahe statistisch vorgemacht hat, verändern sie kaum die Sicht, schon gar nicht den Rang und Namen eines Würdenträgers: Was man jetzt weiss, hat man schon vorher aus der Lektüre gewusst. Es ist bekannt, dass die «Chronique scandaleuse» immer zur Gattung «Fiktion» gehört, mag sie noch so autobiografisch tun. Und hat die Autobiografie nicht oft genug mit der Illusion gespielt? Man denke bloss an Gertrude Stein und «The Autobiography of Alice B. Toklas», in der sie sich selber narrt, indem sie sich mit allen Verzerrungen des Alltags in der Sprache ihrer Gefährtin spiegelt. Am listigsten, und wie gewohnt elegant, sagt H. M. Enzensberger in seinem Gedichtband «Die Geschichte der Wolken», was es mit der Autobiografie auf sich hat:

Der Autobiograph
Er schreibt über die andern,
wenn er über sich selbst schreibt.
Er schreibt über sich selbst,
wenn er nicht über sich selbst schreibt.
Wenn er schreibt, ist er nicht da.
Wenn er da ist, schreibt er nicht.
Er verschwindet, um zu schreiben.
Er schreibt, um zu verschwinden.
In dem, was er schreibt,
ist er verschwunden.

Die Wahrheit wird nicht biografisch entschlüsselt. Was da über ein Leben und Werk recherchiert und kolportiert wird, und sei es aufgrund von meterlangen Tonbandzeugenschaften, kann nur eine fragwürdige Annäherung an den Kern einer Persönlichkeit sein. Deshalb hat die Biografin von Ingeborg Bachmann, die Literaturwissenschafterin Sigrid Weigel, mit Absicht das Label Biografie gemieden, als sie anfing, das Konvolut eines streunenden Werkes zu sichten, das seine Korrespondenzen noch lange verschliesst. Dabei wüsste man doch gern hier und jetzt, wie es denn wirklich um diese Ingeborg Bachmann stand, die man zum Opfer bestellte und bald als die Tragische vom Dienst herumspediert hat. Auch hier: man grabe im Werk, es stammt ja von einer Verfasserin, die den berühmten Satz sagte: «Die Wahrheit ist dem Menschen zumutbar.» Wenn schon die Wahrheit nie gewusst werden kann, darf die Phantasie umso tüchtiger eingesetzt werden, als Fahnderin nach der Substanz, diesem bestimmten Gran, das ein Lebenswerk ticken macht. Damit will ich das Recht zur Spekulation begründen als das Salz jeder Interpretation. Im Übrigen nehmen sie alle ihr Geheimnis mit ins Grab oder sperren es in den Tresor, wo die letztwillige Verfügung ruht; und die entbindet alle Betroffenen von ihrer Betroffenheit. So sind es die Nachlassverwalter, die geld- oder publicityhungrigen Erbengemeinschaften – eigentlich: die Familienzustände – und, nicht zu vergessen, gierige Kritiker, die uns die so genannte Enthüllung anbieten.

Einer hat da eine Ausnahme gemacht, was wir als Kinder der Zeit zunächst als Offenbarung empfanden: Max Frisch. Bei der zweiten Lektüre nach Jahren kamen schon Zweifel auf. Unzweifelhaft aber bleibt die Integrität, ja man muss fast sagen, die Ehrfurcht vor dem grossen Begriff. Es herrscht das Zeitalter, in dem es noch Mann und Frau gibt. Es tobt die Geschlechterfrage, oder eher: der Geschlechterkampf, wie ein Pingpong der Vergeblichkeit.

Für Frisch stellt die Ehe noch ein Sakrament dar, das er ganz und gar unkirchlich erleidet. Mann und Frau stellen das unausweichliche Gegenüber, dem weder am Tisch noch im Bett zu entkommen ist. Dagegen ist für Hannah Arendt und Elfriede Jelinek die Ehe der solide Rahmen für die schöpferische Autonomie, ebenso für den Konzeptkünstler Marcel Duchamp, der seine weibliche Seite aktiv bedient hat, indem er als Frau verkleidet umging. Es gibt kein gemeinsames Gedächtnis, sagt Frisch in «Blaubart», seiner letzten Erzählung, die die Quintessenz seiner Selbstüberführung als Ehemann enthält. Selbst wenn es eins gäbe, so wäre es, um das mindeste zu behaupten, selektiv. Gepolstert mit nachgereichtem Erinnerungsgut der lieben Nächsten und vielen blinden Flecken.

Was hat es nun mit dem erotischen Subtext der Literatur auf sich, wenn wir es mit Autorschaften zu tun haben, die ihr Liebesleben nicht auf den Tasten austragen? Die elf Porträts bewegen sich durch die Frage hindurch und um sie herum. Sie bleiben am Text, weil Schriftsteller sich im Schreiben am nächsten sind. Der Primärtext ist der Schlüsseltext. Er selber spricht über den Autor als Lover, zaudernd oder draufgängerisch, als Freund und Feind anderer und seiner selbst, über die Autorin als Liebende aller Schattierungen, als Zweifelnde, Verzweifelnde und Himmelhochjauchzende des Augenblicks. Und so gibt das Werk die verbindlichste Antwort auf die Frage, wer diese Autoren als Menschen und Partnerinnen sind. Denn: was wir nicht lieben, oder hassen, was in uns Autoren nicht Denkströme und Erregung auslöst, darüber schreiben wir nicht.

Zürich, Ende Juni 2004

Susan Sontag *und das soziale Geschlecht*
Vor Ort sein, jenseits der Interpretation

Sie hat sehr früh geheiratet, vermutlich um rauszukommen, aus diesem verminten Europa. Dass sie Jüdin ist, erachtet sie selber als nicht besonders entscheidend, es geht um den Atem der Aussenwelt. Sie sucht schon als Teenager die grössere Dimension. Sie betritt früh eine Männerwelt und übt die eheliche Pflicht nach Bedarf. Und der Sex? Bei einer wie ihr, mit der sprühenden Dunkelheit von Augen und Haarpracht, ist das Wort sofort da, unvermeidlich und ganz allein da, ohne sich um irgendeine Ausrede oder Legalisierung zu kümmern. Sie weiss, dass sie gefährlich aussieht, und bleibt ausser Landes. Ohnehin ist Deutschland nicht ihr Land, auch nicht Berlin, wo sie ursprünglich herkommt.

Dass sie später Frauenbeziehungen eingeht, die Wichtigste mit der Fotografin Annie Leibowitz, heisst noch nicht, dass sie – wie man gemeinhin sagt – «lesbisch» ist. Ich nehme an, dass der Umgang mit Frauen im Alltag angenehmer ist, unproblematischer, sinnlicher auf jeden Fall, für eine mit ihrer unbeugsamen Energie, mit ihrem blanken Intellekt, und notabene mit ihrer Schönheit, also eine Herausforderung en gros, welche das akademische Patriarchat von vornherein ins Strudeln bringt. Zum Ausgleich, oder soll ich das riskante Wort «Sublimation» wagen, schreibt sie herzergreifende Liebesromane. Denn Romane schreiben, und erst noch Liebesromane, das ist Eros. Davon weiss die Kritikerschaft wenig, oder dann möchte sie es lieber nicht wissen. Es geht doch nicht an, dass eine Vorzeige-Intellektuelle sich auf der «sentimental journey» verlustiert. Deshalb schaut ihr die kritische Intelligenz auf die Finger, seit sie ihr Dekolletee verhüllt. (Ob das altershalber oder demonstrativ geschieht, ist schwer zu sagen.) Ihr ins Gesicht zu blicken, hat die kritische Intelligenz kaum gewagt.

Nun ist sie über siebzig. Wo immer sie auftaucht, macht sie von sich reden, ihr Werk ist nicht mehr vom Auftritt zu trennen, und so macht das Preisverleihungsgerassel, das zunehmend über sie hereinbricht, ein paar hässliche Nebengeräusche. Die? Und ausgerechnet den Friedenspreis des deutschen Buchhandels? Eine Susan Sontag kann das Knarren der Türen in der Frankfurter Paulskirche übertönen, denn ihre voluminös ins Dunkle orgelnde Stimme trägt weit – und schneidet tief ins Land der Vorurteile (und das hat keine Geografie). Mag sein, dass sie die bessere Inszenatorin als Autorin ist, und vielleicht ist sie ja auch eher Rhetorikerin als Schriftstellerin, eins aber ist sie mit schlagender Konsequenz: die überzeugende Repräsentantin einer schwindenden Errungenschaft der Aufklärung, die man einmal Geisteshaltung nannte.

Als eine letzte Universalintellektuelle, die souverän mit dem Abendland spielt und dessen Geistesgeschichte zitatreif zur Verfügung hat, ist sie auch eine kluge Bewirtschafterin der Medienklaviatur. Sie weiss, was die akademischen Instanzen in Deutschland gern hören: das, was sie selber nicht allzu laut sagen dürfen.

Das hat sie ein Leben lang beibehalten, die Kompromisslosigkeit, ihre Meinung zu sagen. Und sich gelegentlich Fehlurteile zu leisten, in Kunst und Politik.

Das kann dieser Kopf-hoch-Natur nichts anhaben, im Gegensatz zur Diagnose ihrer Romane, für die sie empfindlich ist. Das könnte an eine Primadonna der Oper gemahnen, die in ihrem Fach die höchsten Meriten einsammelt, sich aber auf das Hobby des Aquarellierens versteift und das Lob für die Aquarelle, nicht für die Arie will. Da könnte etwas dran sein, aber nicht alles. Denn sie wurde nie eine Primadonna, sie sieht zu sehr das Elend der Welt. Aber die schriftstellerische Gabe möchte schon über das Tages-Soll hinaus, möchte in einem grossen Wurf der Fiction erkannt werden, wie jeder Kritiker eines Tages ein Buch schreiben will, das dann die Welt – und das sind die Schriftsteller, die er kritisiert – als das Buch erkennen soll, das nur er und kein anderer in die Welt zu setzen vermochte. Für ihn ist es das Buch der Bücher und für die Welt ein Buch unter Büchern, und das ist ja schon viel, in einer Produktion von schätzungsweise einer Million Neuerscheinungen pro Jahr, die für ihn relevant sein müsste, als Kritiker.

Ihr Dilemma, wenn da eins vorliegen sollte, ist, dass die Essayistin Sontag zu früh und zu sehr Erfolg gehabt hat. Und der Essayistin flicht die Nachwelt keine Kränze, sie gehört zum publizistischen Geschäft. Darin haftet sie an ihren europäischen Wurzeln, gerade in der Rolle, die die Angelsachsen umwerfend griffig «a writer» nennen. Und a writer ist Verfasser eines Textes, gleichviel ob es sich um ein Drama, Gedicht oder den Kommentar zum Weltgeschehen handelt. Sie lebt gern und gut mit diesem Dilemma, sagt sie. Sie ist zu stark, und zu berühmt, um einen Verriss nicht verkraften zu können. Und wenn das auch ein Selbstschutz vor der Öffentlichkeit ist, so hat sie einen Halt, das ist der Horizont, der eine Perspektive für Verhältnisse, Proportionen und Massstäbe entwickelt. Sie arbeitet ja auch fürs Theater. Und sie ist wirklich umwerfend gescheit. Schon länger ist sie eine rauschende

Botschafterin des Commitments über das Tagesgeschäft hinaus – wobei der Terminus mit dem Begriff «Engagement» nur flach übersetzt ist. Zu unserer Genugtuung ist die Botschafterin am unauslöschlichen 11.09.01 eine Künderin geworden: wider den um sich greifenden Irrationalismus in den USA und den zelotischen Eifer der Bush-Administration, wider den Rückfall in den Imperialismus des 19. Jahrhunderts, den die Briten besser konnten als die im mittleren Osten herumstümpernden Yankees, sagt sie. Die Künderin hat schon immer eine Nase und einen Sinn für das Zeitgeschehen gehabt und daraus einen Horizont der Kennerschaft errichtet; dabei ist die 1933 geborene Ms Rosenblatt mit der französischen Literatur (von Sarraute bis Bataille, von Leiris bis zu Houellebecq) vertrauter als mit der Thora; familiärer im Umgang mit der deutschen als mit der amerikanischen Belletristik. Sie ist nämlich vor allem auch das, wofür man nicht gelobt wird: eine Leserin, eine süchtige. Und als Leserin eine Entdeckerin. Sie hat W. G. Sebald gelesen, bevor er in Mode kam, und Robert Walser erkannt vor der allgemeinen Walser-Erkennungsbeflissenheit; und natürlich sind die klassischen Geistesgrössen von Plato bis Walter Benjamin ihre ständigen Begleiter gewesen. Lesen kann man überall, vor allem auf Reisen. Leben allerdings kann ein Temperament wie sie nur in New York.

Ich weiss noch, wie wir uns auf «Against Interpretation» (1964) stürzten. Das war eine Labsal innerhalb des kunsthistorischen Kanons. Es musste das Werk einer akademischen Ketzerin sein, was uns im Vorfeld von Achtundsechzig besonders gefiel. Sie liebte schon immer den Grenzgang in der Kunst und wandte ihn souverän an. Die Lektüre von «Against Interpretation» war so etwas wie der Auftakt zum innovativen und das hiess von nun an interdisziplinären Umgang mit der kunsthistorischen Deutung und Rezeption. Ihre Essays waren das, was man heute wohl intertextuell nennen würde, sie wiesen über das Fach hinaus, sogar in die Gefilde des akademischen Ruchs, womit in den frühen 1960ern noch der Film – wir staunen – als Gattung gemeint war.

Ihr verblüffender, weil fachübergreifender Zugriff und die brisante Spekulation, die noch aufregender war, haben ihren frühen Ruhm begründet. («Against Interpretation», «Notes on Camp», «On Photography» erschienen schon Mitte/Ende der 1960er Jahre; zehn Jahre später auf Deutsch, zunächst bei Rowohlt, später bei Hanser.) Darin paart sich der Geist der französischen «écriture» (Roland Barthes) mit dem angelsächsischen Pragmatismus, der die Dinge beim Namen nennt, um ihrer habhaft zu werden – sei das die pornografische Phantasie oder die politische Lüge –, und so werden die Verhältnisse, die Zustände unter einem hungrigen Auge fortwährend zu Bildern.

Immer schon hat sie sich für den Film interessiert, hat über Godard und Bresson und Resnais nachgedacht, hat selber mit Zelluloid experimentiert und «muss mindestens viermal in der Woche ins Kino». Sie ist beim Bild geblieben, wenn auch zuweilen contre coeur, und so ist der unter dem Titel «Das Leiden anderer betrachten» (2003) auf Deutsch erschienene Anti-Kriegs-Essay ebenfalls eine ausgreifende Ansicht von den himmelschreienden Schrecken, die die Grossmächte den kleinen Nationen zufügen.

Grosse Geister sind immer schon da, bevor wir sie zur Kenntnis nehmen. Das fällt auf, wenn man etwa in alten Jahrbüchern blättert, zum Beispiel im «Kursbuch» und «Freibeuter», der bereits ein verlegerisches Vermächtnis aus dem Hause Wagenbach ist. Fast unschuldig kommen sie uns vor, und so jung, die Darsteller der linken Elite, von Richard Sennett bis H. M. Enzensberger. Nur eine erscheint schon in der Stattlichkeit des Gedankens mit einem weiss auf schwarz gezeichneten Löwinnenhaupt: Susan Sontag ist anwesend, nicht um eine politphilosophische Position zu repräsentieren, sondern um vor Ort zu sein. Und in die Tat umzusetzen, was dann für andere politisches Lippenbekenntnis bleibt. Zum Beispiel nach Hanoi zu reisen, oder nach Sarajewo, um mitten im Krieg Zeugenschaft zu leisten gegen den kulturellen Kahlschlag. 1993 inszeniert sie Beckett in der kaputten Stadt auf dem Balkan, nicht weil sie Beckett besonders passend fände, sondern weil Spiele Not tun, wo das Brot fehlt. Ja, und dennoch bleibt sie, die Kühne, die scheinbar Unanfechtbare, verletzlich, wenn ihr dann Opportunismus und Überheblichkeit vorgeworfen werden: als ob die Menschen im Krieg keine Kunst brauchen könnten – sie brauchen sie umso mehr.

Und Sontag, die Frau? Schon in den Gesprächsrunden, die Anfang der 1970er in New York stattfinden, vertritt sie den feministischen Ausnahmezustand. Es spricht da keine zeittypische Alibi-Femina, die den patriarchalischen Standpunkt durch den proportionalen Frauenanteil am Denken verstärkt, sondern eine Einzelperson, die leidenschaftlich für die Sache der Wahrheit einsteht. Und das heisst hier: die Pflicht zur Kritik an Zensur und Diskrimination in kommunistischen Ländern, zu einer Zeit, da Enzensberger über Kuba schweigt, und Sartre über die Sowjetunion. Und die westeuropäische Linke ein ideologisches Schattenboxen betreibt. Kultur, Kulturarbeit, sagt sie, darf niemals der Diktatur geopfert werden – Marxismus hin oder her –, und schon gar nicht der sie ruchlos umzingelnden Barbarei. Sie hält nicht viel davon, das Geschlecht zu einer Idee und Bewegung zu machen, begnadet mit einem angeborenen Selbstbewusstein, in dem man umsonst ein Bekenntnis zum Judentum sucht. Fragen von Herkunft, Rasse und Klasse weist sie heute wie lästige Bittstellerinnen eines Programms von sich. Und so wirkt denn auch der Begriff «Gender» im Gegenlicht ihrer raumfüllenden Sonorität fast ein wenig papieren, sodass frau tunlichst vermeidet, Frau Sontag nach einem Bekenntnis als Frau zu fragen.

Fast ist man versucht zu sagen, hier hat Penthesilea gesiegt, indem sie vernünftig geworden ist und ihre Verantwortung als supranationale Heerführerin wahrnimmt. Selbst wenn die Amazonen sie verlassen, bleibt sie die Glaubwürdigste unter ihnen, vor und hinter und neben der 68er-Theorie und frei nach der Überzeugung der Frankfurter Schule: Der Intellekt existiert, um den produktiven Widerspruch zu üben. «Statt einer Hermeneutik brauchen wir eine Erotik der Kunst», polemisiert sie in «Against Interpretation», oder in «On Photography»: «Fotografie ist ein Mittel, sich der Realität zu bemächtigen, indem man sie abschafft.» Als Erzählerin wählt sie 1978 das ketzerische Pronomen «Ich (usw.)», in einer Epoche, in der erzählende Literatur an und für sich verpönt ist. Und was die Ablehnung ihrer Fiction betrifft, kann sie sich mit ihrem eigenen Befund trösten: Interpretation sei die Rache des Intellekts an der Kunst, heisst es in «Against Interpretation».

Susan Sontag, die grosse Lady der Renitenz, ist unsere unverwüstliche Vorhut, indem sie uns seit dreissig Jahren den Gefallen tut, auf souveräne Weise «daneben» zu sein und für uns erschöpfte Altfeministinnen ins Fettnäpfchen zu treten. Denn ihr Auftritt ist immer produktiv. Weil sie Worte braucht statt Theoreme, weil sie

Standpunkte vertritt statt idiomatische Häkelmuster, wie sie jetzt die Medientheorien auslegen, um sich zu verschanzen hinter einer komplexen Begrifflichkeit. Die Mobilmachung eines angestrengten Diskurses, losgetreten von den Fachhochschulen, muss wohl eine alte Radikalität tarnen, und einen Einsatz, der anfängt, sich vor sich selber zu fürchten. Der klassische Feminismus zum Beispiel, der nicht cool ist und nicht hip, und schon gar nicht hybrid, dafür mehr denn je berechtigt – wie die Rebellion.

Ich wünsche mir immer, sie würde in der nächsten Serie von «Sex and the City» auftreten und sagen, Kinder, nun hört mir mal zu. Sie wohnt ja gleich um die Ecke, wo Samantha, Carrie, Charlotte und die andern leben. Allein ihre Erscheinung wäre eine Lageberuhigung, die die aufgeregten Girls nötig haben. Sie würde sie alle um sich scharen und zu ihnen sprechen, und bald würden ihr auch die falschen Zungen und Schlangen, die Gesellschaftstypen und Blödmänner zuhören. Girls, wenn ihr zugehört habt, dann schaut mal in die Welt hinaus, über den Ozean. So weit euer blindes Auge reicht. So dämlich wie ihr euch aufführt, seid ihr bestimmt nicht.

Doch ist nicht Zeit für Märchen in New York, und es ist anzunehmen, nein, zu hoffen, dass ihre Stimme dort ertönt, wo sie politisch dringend ist, im Anblick der Kriegspornografie. Bevor die Mediatisierung das Problem kleingekriegt hat – wobei sich das Problem in Washington befindet und nicht in Abu Ghraib. Susan Sontag wird es zurechtrücken zur kompromisslosen Klarheit, indem sie statt Entrüstung Analyse anbietet.

Hans Magnus Enzensberger *Ist er oder ist er nicht? Ein Grenzgänger im Macho-Zeitalter*

Er war der Durchblick, und er war immer zuerst. Er schuf eine Aura mit jedem schriftlichen Auftritt. Er gab uns dank der Lektüre den Eindruck von Wesentlichkeit: Wir wurden mit ihr zu Kosmopoliten, und die Welt wurde gross in der Sofaecke. So ein Lesegefühl habe ich seither nicht mehr gehabt. Sein Geist schien Siebenmeilenstiefel zu tragen, er war mit guter Bodenhaltung unterwegs, auch wenn er den Wolken nachsah und sein Denken Schwingen bekam.

Ist also Nonchalance, oder vielleicht Esprit, das Wort für ihn? Keines will so recht passen, obschon er der Französischste unter den neudeutschen Geistesmenschen war; er bewegte sich elegant unter den Artgenossen, die schwer atmend auftraten, zuerst in der Gruppe 47 und dann im Umfeld des Suhrkamp Verlags. Und wenn die schwer atmenden Artgenossen zur Sache kamen, war er schon weiter. Ein Genosse wurde er nie. Er war eher ein beweglicher Kontestant, seit der Zeit des Mauerbaus in Berlin und über die Ostverträge, Vietnam und Watergate hinaus. Er wurde innerhalb der Linksintelligenz so etwas wie ein Anbieter und Prognostiker der Verhältnisse, um nicht zu sagen, er war ihr Horizont.

Woher nun, fragen Sie, diese Emphase für einen schlanken Schriftsteller unter anderen Formaten? Sie stammt aus einer Epoche, in der das linke Heidiland auf den grossen Kanton starrte wie das Kaninchen auf die Schlange. Dort war das Heureka des Schreibens, dort war der journalistische Superlativ. Und für manche war dort der Anfang der Laufbahn. Das ist im Jahre 2004 vorbei. Jetzt starrt ein Kaninchen auf das andere Kaninchen, in Deutschland so gut wie in der Schweiz. Und der Horizont ist eine unermessliche Fläche.

Ich spreche von Hans Magnus Enzensberger, dem Garant für geistige Erstklassigkeit. Das stand für jederart Innovation, und was er lancierte, liess die Publizistik und den Buchhandel erbeben. Dazu fällt mir ein, wie ich am Tag des Erscheinens die Stadt nach dem Kursbuch 47 abgraste, es war in Zürich innerhalb von Stunden ausverkauft. Es hatte der Vordenker eine «Nummer» von und für Frauen gemacht, machen lassen, zugelassen, zu einer Zeit, da Frauen noch zu Füssen von Marx, Engels und Theo Pinkus sassen und lauschten. Seine Texte waren Manna von einem Mann, von dem wir nicht so recht wussten, wie ers denn mit den Frauen hielt oder ob ers überhaupt mit ihnen hielt. Als Frau versuchte man es bei ihm mit der Kraft des Argumentes, das «Stil» war. Stil zu haben, schien wesentlich für den Anspruch, der ihn umgab und Aufträge erteilte. Es ging das Gerücht, dass er allein Männern zugetan sei, und so schien ein Problem für mich, die Novizin, von vornherein ausgeräumt. Er war also kein Schulterklopfer, der die Billiglohnkraft zur Tat ermuntert, er fütterte die Mitarbeiterin nicht mit Komplimenten, um sie dann für sich schuften zu lassen; vor allem würde die essayistische Karriere nicht übers Bett laufen, falls eine geplant war. Wobei dieser Gemeinplatz noch dekonstruiert werden muss, das heisst, präzisiert. Denn zu dieser Zeit lag der One-Night-Stand mit dem übergeordneten Redaktionsmitglied (sprich Auftraggeber) durchaus im Bereich des Möglichen, machte aber noch keinen publizistischen Frühling. Im

Gegenteil war bei redaktioneller Unbotmässigkeit mit Bestrafung zu rechnen, sollte man schreibend fremdgehen und besser werden als der stets ausreichend zu preisende Lehrmeister am Dienstpult.

HME war also kein Artgenosse im Zeitungspatriarchat, er war «ein anderer». Aber das war bloss ein Gerücht und durch nichts erhärtet, wenn er Autorinnen um sich scharte und ihre Texte las, statt ihnen in den Mantel zu helfen. Das geschah im Serail einer gleissenden Schöpfung namens «Transatlantik», die sich die Kühnheit herausnahm, nach rohem Vorbild des «Playboy» die feinere Geistigkeit mit dem Kapital der Sexpresse zu finanzieren. Eine Kühnheit, die nicht von Dauer war, da Kühnheit in diesem Gewerbe niemals von Dauer ist, es war die Stunde von Günter Wallraff, als Journalismus nicht literarisch, sondern anwaltschaftlich zu sein hatte.

Und es war die Zeit vor dem Coming-out, und so blieb HMES geschlechtliche Vorliebe im Foyer des Raunens. Bis er eines Tages eine Redaktorin heimführte und zum Pionier der späten Väter wurde. Daraufhin brachen sie aus, die späten Väter, sie grünten gegen die aufkommende Gendergesellschaft, fast möchte ich diese um sich greifende Erscheinung als einen politischen Leistenbruch von alternden Achtundsechzigern bezeichnen, wäre das politisch korrekt. Unterdessen aber zählen wir das Jahr 1995, und der allamerikanische Behaviour-Import hat Europa erreicht und unterkühlt das Redaktionsklima bis zum Gefrierpunkt. Frau hat nichts mehr zu lachen, wenn sie jetzt «frau» schreibt. Es ist nicht lustig, schon gar nicht produktiv, mit Kollegen zu arbeiten, deren geistige Heimat die Kleinfamilie geworden ist. Frau fängt nun an, die eigenen Schöpfungen – ausser der anvisierten Frauensprache sind das Zeitschriften, Radiosendungen, Leseclubs, Buchhandlungen,

Bücherservices und manchmal eigene Dossiers in Tageszeitungen – zu verunsichern oder dann zu dogmatisieren. Das geht umso einfacher, als jetzt die Differenztheorie herrscht – im Elfenbeinturm der Theorie. So serbeln die Errungenschaften im Namen der neuen Frauenbewegung dahin. Und statt der zu dieser Zeit anfallenden redaktionellen Genderdebatte auf der Redaktion bekommt das eidgenössische Feuilleton die deutsche Rechtschreibereform.

Einst gab es unter Autorinnen die Hochkonjunktur der universellen Ambition. Und es gab HME. Sein Name genügte, um uns einen Schauer durch den Hypothalamus zu jagen, das muss so gesagt sein. Wegen der Ahnung, dass Grosses geschah in einem Druckerzeugnis, das wie ein Geschmeide in unserer Hand lag (siehe Emphase). Wir lasen alles von ihm, jedes Zitat, jeden Geisteskrümel, der seinem Ideenvorrat entfiel. Schwer zu sagen, was er als Mensch bedeutete, uns, die wir mit geradezu zelotischem Eifer einem «neuen» Schreiben entgegeneilten, angespornt vom amerikanischen «New Journalism», von Orwell, Hemingway, Tom Wolfe, grundiert von den Franzosen um Barthes, Leiris und Foucault. In der Frauenabteilung galten die Referenzen Joan Didion, Susan Sontag, Germaine Greer, Kate Millet; Oriana Fallaci war für ihre scharfen Interviews mit den Herrschern der Welt berühmt. Beauvoir und ihre deutsche Vertretung Alice Schwarzer zählten zur eisernen Ration.

HME kannte zu dieser Zeit schon neue Russen, Slawen und Chinesen in der Literatur, er hatte sich über den Balkan bis nach Wladiwostok gelesen und vielleicht war darum etwas Abwesendes, Entrücktes um ihn, das ins Spiel auswich, wenn ihm jemand zu nahe trat. Er war ein Connaisseur und stand in der Tradition der Weltliteratur, ohne sich auf sie zu berufen; seine Eitelkeit ging auf

Distanz, sie war im Unterschied zu den schwer atmenden Artgenossen ziemlich abstrakt und begnügte sich mit der Vermeidung von Konkurrenz im eigenen Einflussgebiet. Das war gross genug, um darin auch als Vermittler und Übersetzer zu wirken, innerhalb der noch unerforschten Literaturen. Dabei mochte er kein Gelehrter und kein Chefideologe sein, schon gar nicht ein Übervater. Er war ja ein Enzyklopädist und ein Reisender, und wenn er überhaupt eine Rolle einnahm, dann war er am ehesten ein Doyen, aber einer ohne Vorzimmer. Wenn es sein musste, war er Mentor, ich erinnere mich: Niklaus Meienberg liess einen Text auf eine mögliche Deutschfeindlichkeit von ihm prüfen, und nur von ihm.

Hans Magnus E. kam aus einer Sippe von Literaten, sein Bruder hatte den «Grossen Versuch über den Schmutz» geschrieben, den wir bewunderten, Hans Magnus schien Vater und Mutter zu ehren, er war lebenslang ein guter Sohn. Das wussten wir damals noch nicht, doch mag es ein Grund sein, dass er keiner war, der sein Konterfei vor sich hertrug und mit der Pfeife in der Hand Weltanschauung markierte, wie andere Intelligenzen der Zeit. Wenn selten ein Foto von ihm erschien, erblickte man darauf einen gereiften Jüngling oder einen Rokokomenschen mit verschattetem Blick. Dass das ein Kopf war, sah man sofort, doch man verkniff sich, ihn handsome & smart zu finden wie in Amerika. Dieser Kopf war zu hell für Prädikate der Kosmetik und ging stracks nach Kuba, in Feindesland.

Von nun an würde er uns die Unwirtlichkeit der Erde erschliessen, wo auch immer, in Angola, Nicaragua, Sierra Leone oder Patagonien, und diese Länder, die man damals Trikontländer nannte, er würde sie mit Autoren wie Bruce Chatwin und Ryszard Kapuszinski lesbar einrichten. Die epische Referenz der Zeit war schon etwas behäbig geworden und blieb zu Hause (Grass, Böll, Lenz, Walser). Doch konnte man sich kaum vorstellen, wie HME im kubanischen Dschungel, auf den Fidschi-Inseln oder in Nordkorea Kursbuchautoren anheuerte (wie er das schaffte, bleibt sein Geheimnis). Er war in unserer Vorstellung ein europäischer Flaneur. Überhaupt war das Bild, das er von sich selber abgab, unstet, fast verschwommen, zwar ein Darling der Götter, für Konzernherren so gut wie für ausländische Diplomaten, für Revolutionäre so gut wie für Verlagsfürsten und verfolgte Dichter, doch einer, der nicht mit ihnen posiert. So gehörte er nämlich zu uns, auf die Seite der Kontestanten gegen jedes Establishment. Doch wollte sein Anspruch auch da Auswahl, Form, Sachlichkeit. Aber immer mit Zurückhaltung. Knappheit im Auftritt war das erste Gebot, also gabs keine Audienzen für Groupies in Zürich. Wer etwas von ihm wollte, musste sich anstellen, in die Reihe, und kam dran. Er kam, befasste sich, gab Bescheid und verschwand. Informiert, interessiert, genau in der Sache. Er liebte das Lexikon.

Wenn ich zurückblicke, so war er gleichzeitig abwesend und präsent, ich glaube, dass die entscheidende Lektion, die er uns damals erteilt hat, war, «ich» zu sagen, das tat uns theoretisch hochgepaukten Achtundsechzigerinnen Not. Vorher wäre das undenkbar gewesen, einen Text mit einem Ich zu schreiben, für einen kritischen Journalisten der Frankfurter Schule so wenig wie für eine Paper-Verfasserin im Namen der Revolution. Die Lehre zielte also dahin, den eigenen Grips über die Theorie hinweg anzuwenden. Als 1980 «Transatlantik» erschien, trat das erste Stirnrunzeln auf unsere Miene: Nun kommt er uns also mit einem «Journal des Luxus und der Moden», das musste man erst verdauen. Und man wusste nicht, wie man es künftig halten sollte mit dem Begriff, dessen Erfinder er war: die Bewusstseinsindustrie. Viele hielten ihn bald für einen Zeitgeist-Leichtfuss, weil ihm kein Thema zu banal war und keines zu heiss. Und wäre der Zeitgeist bei ihm geblieben und nicht von der schnöden Postmoderne eingesackt worden, er wäre noch «einer von uns». Es wollte, wer Anfang der 1990er Jahre den «Vorwärts» oder das «Konkret» abonniert hatte und auf der Alternativen Liste stand, nichts mehr mit seinen späten Essays am Hut haben. Und als HME sich zum Balkankonflikt persönlich statt ideologisch äusserte, war es um unsern Vordenker geschehen.

Schon früh wollte er Europa erschaffen: als eine Geistesgegenwart. Ein Europa, das mehr war als eine Absichtserklärung und mehr wollte als einen Kniefall in Warschau und das ceterum censeo der Ära von Brandt bis Schmidt-Schnauze. Ein Europa, das er bereiste, befragte, beschrieb und zehn Jahre später mit einem «Ach!» versah. Doch resigniert war er nicht. Resigniert war er nie. Er war schon wieder weiter, als «Transatlantik» der Allianz mit der Sexpresse zum Opfer fiel, er war in den duftenden Tapisserien der «Anderen Bibliothek», einem weiteren Kind des Herausgebers HME, das nun die Geschichte der anderen Kulturen drannahm, die ihm Reportagestoff gewesen waren. Wie und weswegen «Transatlantik» unterging, haben wir nie richtig erfahren, die Erklärung, die Nachfrage sei zu schwach, hätte uns eh nicht genügt, sie dürfte für einen HME kaum ein Grund gewesen sein. Sein Luxus sei, hat er einmal verlauten lassen, der Verzicht, und Zeit zu haben sei ein kostbares Gut, wenn die Welt unter dem Diktat von Terminen stehe. Seinen marktorientierten Unternehmungen war keine Dauer vergönnt, immer wars nur ein kurzer Sommer, in dem die Anarchie die Hierarchie brach, und das passte zu seinem Schreiben wie zu seinem Leben.

Wo er politisch stand, später, als es aufs Millennium zuging und die deutsche Literatur das Ich-Sagen gründlich gelernt hatte, zu gründlich, wie er fand, war schwer zu sagen. Natürlich wechselt einer, der aus dem Frankreich der Aufklärung stammte, vielleicht das Hemd, aber nicht die Fahne. Klar, dass er noch immer von links kam, aber anders als die ehemaligen Wortführer der Frankfurter Schule und der Kritischen Theorie, man kann vielleicht sagen, er sei immer ein Praktiker der Weltanschauung gewesen, und das heisst dann bald: ein Pragmatiker.

Halten wir uns noch ein wenig an das Markenzeichen HME, denn das gibt es im Journalismus nicht mehr. Jetzt können alle, und dürfen alle, die können, falls sie nicht von den rigorosen sozialen Verhältnissen dahingerafft werden. Die Verhältnisse tun so, als seien sie Wirtschaftsdiktate. Der Magazin-Jounalismus verläuft im Boulevard, er hat sich auf einen könnerhaften Durchschnitt eingependelt, will aber von Politik nichts mehr wissen – als Haltung, als Spektrum. Vielleicht ist er deshalb erfolgreich. Am Ende eines Jahrhunderts, das auch ein Ende eines Jahrtausends ist, ist Politik ein Fach geworden, ein Ressort, weiter nichts. HME erzählte nun seiner Tochter Geschichten, er lehrte die Kinder Mathematik, ohne ein falscher Märchenonkel zu sein, als Vater im Grossvateralter. So eitel war er immerhin, kein Opa werden zu wollen. Ich schaute immer noch gern in sein Werk, jetzt war es seine Poesie, die man im Rucksack mittrug und sogar im überfüllten Bus lesen konnte, was ihn wiederum von den schwer atmenden Suhrkamp-Kollegen unterschied. Wenn ich ihn am SPIEGEL-Aushang an einem Kiosk erblickte, so konnte ich ihm nicht widerstehen, ich wusste im Voraus, der Text würde das sein, was essayistische Texte heute sein sollen: sexy. Ich sage lieber, sein Schreiben kam noch immer zu mir, weil sein Denken erotisch war. Auch das Denken des späten Vaters, vielleicht gerade das Denken des späten Vaters. Vielleicht wäre er gern ein Tabubrecher als später Vater gewesen. Das hat ihm nicht die Political Correctness untersagt, sondern seine interdisziplinäre Intelligenz. Aber davon wird er, für einmal, nichts wissen wollen.

Nachsatz: Er blieb der Kopf, der kein Haupt sein wollte, nichts Cäsarisches war je an diesem lichten Scharfsinn gewesen, er hat sich fortlaufend von allem, was die Umrisse des Dogmas annahm, emanzipiert. Er irrte sich, er machte Fehler, er wollte nicht aufhören, Erfahrungen zu machen, immer von vorn. Darum ist er der jüngste Geist der Schriftstellergeneration nach Frisch geblieben, und die einst so theorieversessene Linke sollte nicht vergessen, was HME ihr beigebracht hat: das Lesen. Das ist eine Genusskultur, die keinen Olivenhain in der Toskana braucht.

Ingeborg Bachmann *Erklär mir Lieben*
Vermutung über den Einen

Sie hat viele Männer gehabt, weil sie den Einen nicht haben konnte. Das heisst, sie hat aus diesem Grund mehr Männer gehabt, als sie eigentlich haben wollte. Und schon zischt es zwischen den Zeilen: so kann man doch nicht von dieser Dichterin reden. Doch, man sollte, man müsste endlich so von ihr reden und sie erlösen vom Trugbild, das Ingeborg Bachmann als die ewig Tragische kolportiert. Als habe diese Autorin hoch zu Pferde gedichtet. Dabei sass sie zum Dichten am Küchentisch. Und wenn sie im oberen Stock sass, und im unteren Max Frisch, konnte sie nicht schreiben, weil unten das Tasten des Hausherrn wie Hagel im Sommer fiel. Damals in Zürich.

Den Ersten, und das war der Eine, hat sie nicht haben können: Ich hege eine ganz bestimmte Vermutung, wer es war, und habe sie gelegentlich in Gegenwart von Bachmann-Kennern fallen gelassen. Es folgte Entrüstung. Der? Niemals, sie hat doch den Celan geliebt. Oder dann wars eben doch der Frisch, wenn man in ihrem Fall überhaupt von so etwas wie dem Mann des Lebens sprechen wolle. Das will niemand in der Kennerrunde, das ist zu kompliziert, ja, und zu anrüchig auch. Denn diese beinahe Mondäne hat ja durchaus das gehabt, was man gern Bettgeschichten nennt. Bettgeschichten im Ruch der Affäre.

Ich war als junge Leserin literarisch entflammt von ihrer Liebesgeschichte und blieb stillschweigend bei meiner These vom

Ersten, welcher der Eine bleibt; er tut den Folgenden ja nichts, die später den Weg vom Tisch zum Bett zum Bahnhof säumen. Ich glaube, dass dieser Eine, dessen Existenz ich behaupte, das Vorbild zu Trotta abgab, der männlichen Hauptfigur in der Erzählung «Drei Wege zum See». Diese späte Prosa über eine frühe Zeit muss etwas wie ein Vermächtnis gewesen sein. Und ganz bestimmt steckt der Eine sowohl in Malina als auch in Iwan, dem Janusgesicht des Mannes in ihrem Roman, den die handfeste Literaturkritik nicht begreifen wollte. Er ist in den 1970er Jahren zu visionär, und nicht bloss als Nährsalz der kommenden Genderidentität. Es gibt, Online-Dating hin oder her, in einem Frauenleben immer den Ersten, und wenn das nicht der Vater ist, dann bleibt er ein phallisch geladenes Mysterium, das sich in die Träume schleicht oder auf die Filmleinwand vorprescht. Dann steht der Traumheld eines Tages plötzlich da, ausgerechnet an der Kinokasse, und die Knie beginnen zu zittern, weil er dir und mir leibhaftig erscheint, der «Postman» einer frisch geschlüpften erotischen Projektion. Diesen grossen Namenlosen hat die amerikanische Soziologin Nancy Friday aufgrund zahlloser Gespräche als Phänotyp der Frauenphantasie eingefangen und rapportiert.

Für Ingeborg Bachmann ist der Eine wohl eine Art Muse gewesen; es gibt beglaubigte Quellen, dass die Zeit mit ihm ihre glücklichste war. Das muss so etwas wie Bonny und Clide auf künstlerisch gewesen sein. Er Musiker, sie Dichterin: zusammen verfassen sie eine Oper, zusammen verfassen sie die ganze Welt, die soll dank ihnen dereinst ein Gesamtkunstwerk sein. Der Musiker liebt seine Dichterin, aber nicht ihr Geschlecht, und so kann es für die beiden keine Zukunft geben, weil das eine platonische oder andernfalls eine sozusagen inzestuöse Zukunft gewesen wäre.

So hat sie halt später, um das salopp zu behaupten, mit dem One-Night-Stand kompensiert. Und weil sie Ingeborg Bachmann war, wurden dann vielleicht zwei oder mehrere Nächte daraus. Trivial? Sex (nicht Eros) ist trivial, nur der Kontext ist kompliziert, und die Handlungsträger sind zimperlich. Um nicht zu sagen unmöglich. Die Passion ist in dieser zierlichen, pausenlos rauchenden Person irgendwo stecken geblieben. Es kann über den Meeresgrund, der die Liebe ist – oder soll ich sagen, sie sei eine Waffenfabrik? – nur gerätselt werden. Alle Zeugnisse, Korrespondenzen, Biografien und Tagebücher sparen das Wesentliche fast immer aus und im Fall der grossen Geheimniskrämerin Ingeborg B. tun sie das umso mehr.

Ingeborg Bachmann starb früh. Nun wäre sie eine alte Dame, die man sich kaum beim Patience-Legen vorstellen kann. Man kann sie sich überhaupt nicht alt vorstellen, diese ruhelos Suchende. Weil die Intensität ihres Schreibens, diese oft flehende Dringlichkeit, ein Umstand der Jugend ist und ihres Ungestüms, nach den Sternen zu greifen. Daraus sind ihre Gedichte gemacht, «Die gestundete Zeit» (1953) und «Die Anrufung des grossen Bären» (1956). Sie hat ihrem Jahrhundert ein neues, ein anderes Lied gesungen, hundertfünfundzwanzig Jahre nach Heine, einem Geistesverwandten – er war ein kultureller Nomade wie sie. Sie ist dabei immer und gegen jedes Gerücht eine Frau von heute, ihre Hörspiele und ihre Prosa prickeln von urbaner Modernität.

Dass diese Frau Huldigung durchaus genoss und gern mit der Pelzstola und einem Begleiter ausging, davon könnten Kollegen berichten, Hermann Burger etwa, Hermann Kesten oder Wolfgang Hildesheimer, der sie als Berufsfrau wohl am besten verstand. Die elegante Bewegung ist auch in ihrer Haltung und Kleidung, und dies sehr bewusst, die Zigarette zwischen sprechenden Händen, unweit der Empfehlung der Frauenzeitschrift. Das darf auch einmal gesagt sein, gegen das Trugbild der unberührbaren Hoheit. Denn darüber erhebt sich das Lachen auf einem entspannten Gesicht und der Humor zwischen weit geöffneten Lippen: ein Bachmann-Bild, das ich einer herzerfrischenden DU-Nummer aus dem Jahre 1994 entnehme, und das allein weiss schon mehr von einem gelebten Leben als alle bemühten Auslegungen der Vita, die sie seit ihrem frühen Ruhm einhüllen. Man will sie offenbar als die grosse Tragische der deutschen Nachkriegslyrik. Wo sie doch mit den Essays und Übersetzungen ebenso zugange ist und ihre Poetikvorlesungen Aufsehen erregen. Mit ihrem Sensorium und ihrer traumwandlerischen Urteilskraft wird sie nach dem Krieg erst einmal eine Seismografin der Sekundärliteratur. Über Musil, Joyce, Wolfe und Kafka hat sie berichtet, als diese Weltautoren noch unbekannt waren. Hat Proust und den bedeutenden Italiener Giuseppe Ungaretti ins Deutsche gebracht, bevor sich das Gewölk der Fehlinterpretation zusammenzog, das diesen Autoren leicht hätte drohen können.

Marcel Proust, der lange brauchte, um im Deutschen anzukommen, und dann aufs Mal und mit allen Kellen der Rezeption ausgeschöpft wird – warum wohl nimmt dieser Proust so viel Platz in ihrem Arbeitsleben ein? Vielleicht weil er ein erotischer Grenzgänger ist und sie sich mit diesem erotischen Grenzgang ihre erste Liebe heranholt, diese geladene Seelenverwandtschaft, zumindest für ihren, den weiblichen Part. Nun muss der Name fallen: Hans Werner Henze, der Komponist und Gefährte im «erstgeborenen Land», das mehr ist als eine Metapher, die ihr Werk durchzieht.

Italien, wo die beiden als junge Künstler zusammengelebt haben in einem Arkadien der Farbe und Sinnlichkeit. Beide sprechen später, getrennt voneinander, von einem nie wieder erlebten Glück. Doch konnte diese Liebe körperlich nicht vollzogen werden und blieb eine Unio mystica. «Ich habe einen Mann gekannt, der hiess Hans, und er war anders als alle anderen. Noch einen kannte ich, der war auch anders als alle anderen.» Schreibt sie in «Undine geht». Beginnt mit folgender Anrufung: «Ihr Ungeheuer mit Namen Hans! (...) Ja, diese Logik habe ich gelernt, dass einer Hans heissen muss, dass ihr alle so heisst, einer wie der andere, aber doch nur einer.»

Nun komme man mir nicht mit dem neunmalklugen Einwand, dass Namen nichts zur Sache tun, literarisch: hier ist das schönste Beispiel, wie Namen zum Omen werden können, und man nehme das bitte nicht bei den vier Buchstaben. Hans hätte auch Karl heissen können, oder Max, aber der Name Max wäre zu besetzt gewesen, während der Name Hans eine Chiffre bleibt, die aus dem Märchen kommt. Das Märchen von einst, warum sollte das nicht wahr sein dürfen, und warum sollte die Chiffre nicht den einen Hans enthalten, der der einzige Hans war?

Die Kritiker werden die Hände verwerfen vor solch triefender Wirklichkeitsnähe. Die Kritiker haben keine Ahnung vom Verwandtschaftgrad von Literatur und Leben. Das sagt die Leserin als Autorin und weiss gut genug, dass im Werk Bachmanns der Name Hans für den Bankrott der allgemeinen Männlichkeit steht. Allerdings bleibt er allein, der Name, und wird später nie mehr erscheinen.

«Worüber man nicht reden kann, darüber muss man schweigen.» Sie hat als Studierende lange und ausführlich über Ludwig

Wittgenstein gearbeitet, aus dessen «Tractatus logicus» dieses Zitat stammt. Worüber würde eine promovierte Philosophin wohl am wenigsten diskutieren wollen, wenn nicht über ihre Liebe zu einem Homosexuellen? Das kann nur eine Variante von Verrat werden, und so könnte auch das Schweigen über Hans Werner Henze ein Wegweiser sein, zum «erstgeborenen Land», welches immer das Land der Liebe ist.

Das Unantastbare, das er für sie gehabt haben muss, hat sie ein Leben lang angezogen, sie hat in vieler Herren Länder gewohnt. Der Fremde in der Dichtung: die erotische Attraktion. Sie hat ihre schreibende Hingabe vielen auswärtigen Dichtern zuteil werden lassen, als Übersetzerin, Vermittlerin, Herausgeberin. Und es war mancher erotischer Grenzgänger darunter. Man lässt sich als Schriftstellerin freiwillig nur mit Personen ein, die einen faszinieren, oder irritieren. Woher also die zähe Fama einer weltfern Entrückten, gegen die sich offenbar nicht anschreiben lässt, wie die Literaturwissenschafterin Sigrid Weigel erfahren hat?

Dass Bachmanns ernsthafte Liebschaften mental und sozial so weit auseinander wohnen wie Max Frisch und Paul Celan, ist vielleicht ein Symptom des unausgeschöpften Unerreichbaren in ihrem Leben. Sie erleidet es in ihren Beziehungsgeschichten, sie lotet es aus, vielleicht halb bewusst, mit einem masochistischen Hang, was können wir wissen. Nur eines liegt klar zutage: sie war keine Feministin auf dem Bekenntnisparcours und würde sich wohl verwehrt haben gegen jede Literaturwissenschaft, die sie in irgendeinem Namen vereinnahmen will. Schon gar nicht eine, die von vornherein gegen einen Hans ist. Ingeborg Bachmann steht jenseits eines programmatischen Schreibens, eines Schreibens, das mit dem Anspruch einer Frauensprache das Pronomen wechselt wie das T-Shirt. Eine wie sie dekliniert sich lieber selber und sei es, um sich in ein Wesen zu verwandeln, das jenseits der Grammatik lebt. Wenn sie etwas will, dann ist es nichts Geringeres als die Neuerfindung der deutschen Sprache. Und sei es in der Hoffnung, in der Sprache jene paradiesische Ganzheit zu erreichen, die einmal gewesen sein soll. Warum das wieder einmal gesagt sein muss? Weil ihr Werk nichts weniger versucht, als die Autonomie der Identität immer von neuem zu erschaffen.

Sie hätte es einfacher haben können als Dissidentin im Patriarchat mit dem höchsten Anspruch an die Liebe. Sie hätte zum eigenen Geschlecht übertreten können, wie so manche geschiedene Amazone der feministischen Intelligenz. Sie wäre dann in der Geburtsklinik der Gendertheorie noch einmal geboren und feierlich empfangen worden, von den Denkerinnen Luce Irigaray, Monique Wittig, Carol Gilligan und Judith Butler, und von vielen – sagen wirs für einmal symmetrisch – klitorisfixierten Künstlerinnen, von Rita Mae Brown über Judy Chicago, Jeanette Winterson bis zu Kathy Acker. Die meisten von ihnen hingen der neuen Lehre an und berührten einen Mann nicht einmal mehr mit Worten.

Das geht nicht mit «Undine geht». Ihren berühmten Text kann man durchaus als Selbstinszenierung lesen. Undine ist einzigartig, einmalig wie wir alle, wie Peter Rühmkorf so schön lakonisch gesagt hat. Aber in einem Punkt ist sie anders als wir: sie ist fähig, Abschied zu nehmen, sie geht. Wir wissen nicht, wohin, nur die Entfernung ist wichtig. Aber die könnte tödlich sein. Das Ziel des Lebens ist der Tod, das ist B.s Werk eingeschrieben, aber ohne falsche Tragik. Es ist klar, dass Undine das Alter Ego von Ingeborg B. ist. Ihre Stimme hat schon alt geklungen, als sie keine dreissig war und in der Gruppe 47 vorlas. Eine Stimme, in der die Brüchigkeit eines Lebens zittert, das alles schon weiss und erlitten hat.

Wäre Ingeborg Bachmann eine Nomadin geworden, wenn sie den Einen hätte haben können? Lebensverbindlich, aber ohne Ring am Finger, ohne Ja vor einem Altar. Oder doch? Heute wäre auch das denkbar, zwei mutigen Persönlichkeiten wie diesen wäre es zuzutrauen, vielleicht in einem Arrangement mit einem Dritten, dazu wäre sie durchaus fähig gewesen. Und vielleicht hätte es ihrem Leben mehr Halt gegeben.

Die Männer, die dann ihre Männer geworden sind, waren nicht die Richtigen. Wobei ich voraussetze, dass eine Erwachsenenliebe, weiblich, den Richtigen unter Umständen heranziehen kann, mit Ausdauer und viel gutem Willen. Das ist nicht ihr Ding, Ausdauer und viel guter Wille. Das ist zu wenig, zu brav für ihr Geistesformat. Es wäre da gewiss einer gewesen, in ihrem späteren Leben. Schliesslich war da ein Haufen Bedeutung um sie herum, mit der sie sich gesellschaftlich umgab und von der sie sich gern in den Mantel helfen liess. Die Dichterin der «Gestundeten Zeit» (1953) und des «Dreissigsten Jahrs» (1961) aber spricht immer aus einer masslosen Anforderung an die eigene Lebensführung. «Wirf die Fische ins Meer. / Lösch das Licht der Lupinen! / Es kommen härtere Tage.»

Aber: was können wir wissen? Die Quellen liegen in Klagenfurt und haben keine reine Fassung. Bachmanns flüsternde Biografie hat die Literaturwissenschafterin Sigrid Weigel gnadenlos dekonstruieren wollen und damit einen neuen Mythos in die Welt gesetzt: den der literarischen Zeugin auf den Spuren des Holocaust. Dass sie eine Rastlose wurde und in Rom schrecklich geendet hat, zeigt, dass ihr Leben durchaus etwas Sagenhaftes hat, in welchem die Person verschwinden könnte wie in einem schwarzen Loch. Es gibt Bruchstellen und Einschnitte, und es gibt Schlüssellochbilder und ein paar Schnappschüsse von hehren Momenten. Man wird mehr wissen, wenn ihr Archiv endlich zugänglich sein wird. Auch das eine Leidensgeschichte, von ihrer Schwester Isolde vermasselt. Eines weiss man schon jetzt: es war kein Leben für das Familienalbum. Der Aufbruch hat schon früh angefangen, es war Krieg, und Hitler marschierte in Klagenfurt ein, ein frühes schlimmes Ereignis für die hellhörige Schülerin Inge. Das ist wohl der Ursprung des lebenslangen Da und Dort, von da nach dort, von Wien nach Rom, von Rom nach New York und nach Zürich, von Zürich nach Berlin und dann wieder nach Klagenfurt, wo die «Drei Wege zum See» begraben sind. In der Kleinstadt, die sie gebar, aber nie beheimatet hat. Und wieder Berlin und wieder Zürich und wieder Rom. Auch in Rom liegt der Horizont ihrer Arbeit im Norden und ihre Welt bei den Denkern gegen die Katastrophe. Ein Zentrum, einen Pol hat sie nicht gehabt, und gelebt hat sie in der Sprache, vor allem mit der Sprachphilosophie von Walter Benjamin und Ludwig Wittgenstein. Diesen Ahnvater, Denkvater muss sie lange Zeit wörtlich genommen haben. («Wovon man nicht sprechen kann, darüber muss man schweigen.») Und als sie schon eine reife und in Fülle preisgekrönte Schriftstellerin war, muss er sie von neuem herausgefordert haben, diesmal zur Widerlegung, Überwindung seiner These. Nach Kriegsende fängt sie an, an den Adern der unvergangenen Geschichte zu zapfen. Sie ist bereit, sich schmutzig zu machen mit der Wahrheitssuche, wie kein anderer deutscher Schriftsteller der Epoche. Sie will wissen, was Täter und Opfer sind und warum. Dabei jedes Volk, auch das deutsche, als Täter und Opfer verstehen.

Dennoch, oder sollte man sagen, gerade darum ist ihr Werk voller Humor. Man braucht bloss wieder einmal ihre Erzählungen «Simultan» (1972) zu lesen. Die Erzählerin ist auch eine Entertainerin der Superklasse, um das salopp zu sagen, was man von ihr auch wieder nicht will. Das hohe Gericht hat zu diesen Erzählungen die Zensur «unzureichend» gesprochen. Weil es «seine» Bachmann ohne das kritische Auge will, das auf diese Art Rechtsprechung zurückfallen könnte.

Also bleibt sie ruchbar als Fall, Todesfall. Am meisten hat sie selber der Legende zugedient mit der Versiegelung ihres Lebensrätsels bis ins Jahr 2025, wenn ihre private Korrespondenz zugänglich sein wird. Hat sich selber zu diesem Grad von Privatheit verholfen, indem sie ihre Bekanntschaften so penibel voneinander fern hielt, wie man den Dotter vom Eiweiss trennt. Davon sprechen Intimfreunde, die nichts voneinander wussten. Auch die legendäre Gruppe 47 hat die Fama mitgeschrieben und der Feier ihrer «Poeta assoluta» gleich die böse Mär hinterhergeschickt. Die Intrigen des Literaturbetriebs müssen dieser Autorin mehr zugesetzt haben, als ihre fatale Heiligsprechung je wahrhaben will. Sie war eine, die mit Sätzen körperlich lebte und an ihnen zugrunde ging, zuerst und zuletzt an ihrem Wahlspruch: «Die Wahrheit ist dem Menschen zumutbar.»

In den letzten Jahren war die Herstellung einer «Ethik der Opfer» (Sigrid Weigel) die einzige Heimat der Schriftstellerin. Das hat der Literaturbetrieb nicht goutiert, schon gar nicht ihren Einsatz von Leib und Leben für einen Verfemten der Nachkriegsdichtung, für Paul Celan, der nach Frankreich auswandern musste: kein Platz für einen Verstörten, Unbehausten, dem KZ Entronnenen im Vaterland deutscher Sprache nach 45. Und Ingeborg Bachmann steht mit ihm am Abgrund des zweitgeborenen Landes, das im Osten liegt (Böhmen, Mähren), auf der Zonengrenze zum Balkan, wo das Fremde Europas herkommt. Sie verlässt es mit ihm, um wieder zu kommen, nach Berlin, dem «Ort für Zufälle». Ihr früher Tod ist jetzt noch, nach einunddreissig Jahren, wie die Lohe, in der alles nachglimmt, was sie wie eine Seherin sah, und mit ins Grab nahm. Die Boten des Unerhörten, Unerklärten, das keine Geschichtsaufräumung je beseitigen wird.

Manche würden sie gern als Unsterbliche ausgraben, andere heilig sprechen lassen. Manche wittern den arrangierten Selbstmord, andere sagen Mord zu ihrem noch immer ungeklärten Brandtod von 1973 in ihrer Römer Wohnung an der Via Giulia. Das alles passt nicht zu einer Aufklärerin von extremer Diskretion. Mord hat sie sozialpsychologisch interessiert. Das kriminelle Potenzial des Menschen und die Gesamtdarstellung seiner Verbrechen war ihr Stoff nach dem Inferno des Zweiten Weltkriegs, und dafür hat sie wie eine Reporterin recherchiert in Archiven, an Prozessen. Um nichts weniger als eine Sprache zu finden für das Unsagbare ihrer Zeit, dem Jahrhundert der Menschen- und Ideenvernichtung. So ist ihr Werk in den 1980er und 1990er Jahren unbequem geworden und niemand will es mehr richtig. Daraufhin nahm sie die feministische Literaturwissenschaft in den Schoss und machte sich mit ein paar Editionen in ihrem Namen verdient. Damit entstand ein nächstes und weiteres Missverständnis um Ingeborg Bachmann: Frauenliteratur, und da kann dann mit dem Finger nach unten gezeigt werden, wie das manche ranghohe Kritiker heute gern tun, in Verkennung einer Autorin, die man als Visionärin einer Gendergesellschaft durchaus neben Virginia

Woolf stellen kann. Ihr Manns-Ich, das sie sich zulegt, um die Welt – und das war damals die Mannheit – von innen her zu erleuchten, wollte man anders lesen, nämlich als mangelnde Subjekt-Position. Die Scholastik hat den Roman «Malina» nicht begriffen, dieses Schlüsselwerk eines neuen Schreibens, ein Meisterwerk der Konjugation; wenn «er» «sie» wird und «sie» «es», dann sind wir schon an der Pforte einer Literatur, die in den multimedialen Raum vorstösst und in ihrem letzten Projekt, dem so genannten «Todesarten»-Projekt, zum grossen Versuch wird: die gelernte Philosophin, die über die Auswirkung von Heideggers Existentialphilosophie promoviert hat, versucht am Ende ihres kurzen Lebens das Äusserste, das Schwerste, die Untersuchung des totalitären Herrschaftsprinzips, das über das Naziregime und dessen Vernichtungsmaschine hinauszeigt, vielleicht als Gegenstück zu Hannah Arendts Hauptwerk über den Ursprung der totalitären Herrschaft. Den Eichmann-Prozess hat sie dafür eifrig verfolgt. Doch dieses Werk, das in Fragmenten vorliegt («Der Fall Franza», 1978, «Requiem für Fanny Goldmann», 1979, und andere Texte), hat sich nicht mehr vermitteln lassen, wohl weil es in der Rezeption dafür noch keine Kategorie gab. Heute würde man wohl von Dekonstruktion sprechen und artig Derrida zitieren. Doch ich fürchte, es geschah, weil die Kritik nichts wissen wollte vom radikalen Intellekt einer «Poeta docta», die dem Abenteuer einer Gattungsschöpfung auf der Spur war. Doch selbst wenn das «Todesarten»-Projekt fehlen würde und Berlin als Schauplatz ihrer Anstrengung, die kaputte Metropole, wo alles aus den Kellern der Zeitgeschichte zusammenströmt, das Schöne und das Schreckliche, das sie umtreibt, sogar wenn diese umwerfende Prosa wie «Das dreissigste Jahr» nicht existierte: noch immer wäre sie jene grosse deutschsprachige Dichterin, die Adornos Satz zuerst widerlegt: «Was soll uns nach Auschwitz noch ein Gedicht?» Auch darum, weil diese Gedichte Adorno besser verstehen, als ihre Legendenverwaltung je wahrhaben will. Wer Ingeborg Bachmanns Liebesgeschichte erkunden will, muss sie lesen. Denn der Text sagt die Wahrheit. Der Text ist Rätsel und Lösung, Geheimnis und Wahrheit zugleich. Er nimmt vieles voraus, was heute als Tendenz triumphiert, von der multiplen Persönlichkeit bis zu Hyper & Cyber, fliessend in einer schwerelosen Unterwasser- und Himmelsperspektive. Dort leibt und liebt die von ihr geschaffene Meta-Kreatur, die sich verabschieden konnte vom Ungeheuer auf Erden namens Mensch.

Und das Persönliche? Sie hat sich, als sie kränkelnd im Bircher-Benner-Spital am Zürichberg lag, selber Blumen geschickt. Diese altmodische Geste hat mich berührt, sie kommt mir vor wie eine Verlustmeldung aus einem alten k. u. k. Adel, dem sie entronnen war. Vielleicht war der Rittersporn, ihre Lieblingsblume, eine Art Pfand ihrer rasch entschwundenen Tanzstundenjugend, vielleicht sogar ein Handschuh für den Grafen von Trotta? Als dann die Nazis in Klagenfurt einmarschierten, war es vorbei mit dem Gnä-Frau-Küss-die-Hand-Umgang, der doch jeder Debütantin ihrer Generation gefiel, auch der trotzigen Intellektuellen. Vielleicht gab es noch Kavaliere beim amerikanischen Sender in Wien, bei dem sie als Studentin der Philosophie gearbeitet hat? Keine Zeit für ein «Sag es mit Blumen» im Krieg. Als sie dann von neuem in Rom ankam, als sie «Rom sah und hörte», muss sie endlich dem Latin Lover begegnet sein, nach der Trennung von Frisch, eine Zeit, in der sie zu leben begann, aufzuleben, nichts als zu leben, sodass ihr die Dachdecker nachpfiffen, wenn diese helle Erscheinung mit dem Einkaufsnetz die Via Giulia heraufkam, eine eindrucksvolle Frauensperson mit weit voneinander entfernten Augen in einem grossen Gesicht. Das stelle ich mir vor und habe ein bisschen Spass mit ihr, den hätte sie gern öfter gehabt. Zu dieser Zeit ist ihr Leben schon eine Vita geworden, vom Gerücht, vom Ruch abgeriegelt. Obschon es in Wahrheit so und ganz anders gewesen sein muss.

Max Frisch *und der Straffall Geschlecht*
Die Überführung des Mannes als Mann

Viele wollen von Frisch nichts mehr wissen, nicht bloss die jüngere Generation von Autoren. Manchen hat er nie gepasst, er hat zu viele Fragen gestellt, politische und persönliche, Fragen, an denen niemand vorbeikommt. Er hat sie vor allem sich selber gestellt, in der Sprache der Moderne, die man formvollendet nennen muss. Das macht sein Werk noch immer packend verbindlich. Ja, es wirkt nach Jahren akuter als manche bedeutend sich gebende Neuerscheinung. Weil Frisch sich als Mensch (männl.) preisgibt, sodass wir ihm beim Mannsein und Scheitern als Mann zusehen dürfen. In der Gestalt seines Erzählens, die griffig sinnlich ist, in seinen Satzbauten, die den Architekten verraten, lebt immer ein Funke von Vision: das ist die Möglichkeitsform. Und darin Mann und Frau, als lebenslängliches Gegenüber.

«Mein Laster: MALE Chauvinism. (...) Lynn wird sein Laster nicht kennen lernen, es braucht eine Ehe, eine lange, damit es zum Vorschein kommt.» Male Chauvinism: er ist ein Autor, der in vorrückendem Alter dieses Schmähwort zur Kenntnis nimmt. Ein Lehnwort für ihn, ein quasi-feministischer Chip, zur Überführung des Mannes am eigenen Leib.

Das geschah, als der Feminismus noch jung war und wir «die Emanzen» hiessen, was fast wie Sophokles klang und fatal war. Kein anderer deutschsprachiger Romancier der Epoche (und mir ist auch kein jüngerer bekannt) hat das Dekret von

Beauvoir und Sartre so wahrhaftig beim Wort genommen: das Private ist politisch. So haben wir ihn damals gelesen, gehört und, ja, verehrt.

Male Chauvinism: eine rhetorische Floskel, oder ein literarischer Köder, um sich den jungen und jüngeren Frauen anzudienen? Das wäre zu simpel bei einem Autor, der sich ein Leben lang die Schuldfrage stellt. Ob er nun einer war, ein Chauvi, ein Macho: was für eine Frage! Die gelernte Feministin weiss von vornherein, er muss schon rein strukturell einer gewesen sein, zur Blütezeit des Patriarchats, in den 1950er und frühen 1960er Jahren, als seine Romane entstanden.

Als 1975 «Montauk» erschien, hat sich nicht nur die literarische Welt darauf gestürzt. Eine «Confession sentimentale» aus der Beletage von Suhrkamp: Endlich würde man wissen, wie viel Ingeborg B. in der Julika steckte, diesem fragilen Geschöpf der Entrückung, wie viel von Trudy, der ersten Gattin, in die Sybille einging und wie viel Marianne an Sabeth war, der jungen Schicksalsgöttin des Homo Faber. Das hat uns am meisten interessiert. Nun würden wir also erfahren, wer welches Modell abgab. Als Muse des unverstandenen Künstlers, wie Stiller einer ist. Als Lebensbegleitung für einen scheinblinden Gantenbein. Oder als Bettgenossin von Technokraten wie Walter Faber.

In «Montauk» kommt er uns als Bekenner. Man glaubt sogar, seine gutturale Stimme zu hören, wenn man jetzt «Montauk» liest. Doch das wahre Geständnis widmet er seinem Jugendfreund und Mäzen Werner Coninx. Nicht, dass man wirklich geglaubt hat, er werde sich «outen» als Mann, doch dass sein Frauenbild nun authentisch werde, das schon. Er nennt «Montauk» eine Erzählung, ich las den Text zum dritten Mal wie eine Chronik des Stolperns. Beziehungsgestrüpp, Beziehungsschutt, das Frauenbild verschnürt. Und lauter Anekdoten. Wie er sich den Müllsack auf den Kopf setzt, als sie räsoniert, in der Berliner Wohnung. Dass Hanna aus dem «Homo Faber» (1957) eigentlich Käthe hiess. Und wenn Ingeborg Bachmann sich Blumen in die Bircher-Benner-Klinik schicken lässt, wo er sie zum letzten Mal besucht, hätten wir das lieber von ihr als von ihm vernommen.

Dann der Ehekrach, den er ätzend protokolliert, als seine «Anfälle», die verletzen müssen, die brutal werden, ohne freilich den Gegenstand zu schlagen, die Partnerin. Auffallend, wie er sich das zugute hält, seine Partnerin nie geschlagen zu haben, das kommt immer wieder vor, als wäre es ein Ausweis der männlichen Humanität. Das haben wir nicht erwartet, Frisch als Rotkreuzfahrer einer Correctness. Seine Gattinnen hält er inkognito, sie kommen namenlos in die Retrospektive. Sie sprechen aus der Tiefe des Mülleimers zu ihm, sie sind seine sprachlosen Erinnyen.

Dank Lynn, der Bekanntschaft in «Montauk», erfahren wir, wie es mit ihm davor und danach ist. Lynn ist eine smarte Turnschuh-Frau, die man kulturell erblickt, als Klischee der «No-Problem»-Schlaksigkeit einer durchtrainierten Amerikanerin. Wenn Lynn, von Natur aus versöhnlich, sagt: «Max, you are a liar», so ist das ein Kompliment. «Montauk» als ein bitterer Männlichkeitswahn? Das kann es nicht gewesen sein, das kann nicht er sein. Nicht nur, nicht so – in dieser finsteren Kapitulation eines spröden protestantischen Intellekts.

Wir kennen einen anderen Frisch aus den Romanen und vor allem aus den Tagebüchern. Ich gestehe, das Wiederlesen macht süchtig, es ist eine Wundertüte, und man stellt erneut fest: er ist ein moderner Autor, er ist der modernste, den wir haben, noch immer (ich spreche als Schweizerin). Keiner hat seinen Männlichkeitswahn dermassen ergründet, inspiziert, untersucht, durchforstet und filetiert wie dieser Max Frisch. Und keiner stellt die Schuldfrage so sachlich. Wäre er eine Frau, hätte man ihn in der Kategorie Frauenliteratur abgefertigt. Und das nimmt mich besonders für ihn ein, der Befund, dass kein Thema zu klein ist für diesen grossen Autor.

Überraschung Nr. 1

Alle wesentlichen Frauengestalten sind positiver, als ich sie in Erinnerung habe. Das sind ja ausgesprochen sympathische, vernünftige, eigenständige Frauen und überhaupt keine Zicken. (So hatte ich sie vor dreissig Jahren gelesen.) Sie sind dem Protagonisten, heisse er nun Stiller oder Faber oder Hencke oder Enderlin, überlegen an Menschlichkeit, an Einsicht und Reife. Sie sind das positive Prinzip gegen die Depression Mann. Und braucht doch der Patriarch Frisch sogar das Wort «Schwester», lange vor der Einführung der Sisterhood, und die Geliebte hat stets Verständnis für die Ehefrau und der kochende Mann ist auch vorhanden, lange vor dem männerbündischen Kochboom, der sich mit der Schürze ins Fernsehen stellt. Und erst Gantenbein als Hausmann, der an alles denkt, wenn Gäste erwartet werden, sogar an die Mayonnaise, während die Gattin stehend, noch im Mantel, die neuen Heftchen liest, wenn sie von ihren Macbeth-Proben nach Hause kommt (sie ist eine grosse Schauspielerin!) Gantenbein als Frauentraum höchst aktuell. Was für ein fortschrittlicher Mann muss dieser Frisch sein. Und wenn man jetzt wieder liest, wie Stillers Freundin

Sybille liebes- und lebenstüchtig zwischen zwei Männern steht, ja, steht, und sich von den zwei Männern emanzipiert, so staunt man nachträglich über den Grad von Empathie, den Frisch für diese Figur entwickelt.

Hat er wirklich?, raunt nun mein Alter Ego. Ist nicht vielleicht dieser patente Frauen-Wurf die männliche Projektion? Weil er die Frau halt gern so souverän hätte, damit der Mann umso freier ist? Es gibt Anhaltspunkte, Nahrung für das lauernde Alter Ego. Zum Beispiel im Engadin, in Pontresina. Als Sybille in einer Kneipe, um ihn zu provozieren, erzählt, sie habe zwei Nächte hintereinander mit zwei verschiedenen Männern geschlafen. Was sagt Stiller, Hände in den Hosentaschen? «‹Ich kenne das –› (…). ‹Nur habe ich es nie jemand erzählt.›» Und es folgt eine schwerblütige nachtmahrische Bordellerfahrung.

Er denkt sich als Mann, wenn er die Geschlechterfrage pariert, wie Pingpong. Ganz selten spricht eine Frauengestalt von innen heraus. Das Fragen ist männlich, und wer als Frau und Mutter fragt, wo bist du gewesen, all diese Jahre, wird klein gemacht als Figur und verlassen. (Das geschieht an mehreren Stellen im Tagebuch, im «Stiller», 1954, ist es die Frau des Apothekers Isidor.) Die fragende Frau ist das grösste Vergehen gegen die Männlichkeit und hat lebenslängliche Folgen. Wenn der Mann ein Held ist, ein Abenteurer, der sich nach Übersee einschifft, oder einer, der in die Fremdenlegion abhaut, oder ein ganz toller Hecht, der die Braut vom Fleck weg erbeutet wie Mister White die Mulattin in Mexiko («Stiller»), so verduftet er bald aus der Story. Er gestattet sich die Männerphantasie halbwegs, nie konsequent, dieser Mann Frisch. Dafür träumt er oft, er sei nackt und ausgesetzt. Im Liebesakt ist er mit sich selber und seiner Wirkung beschäftigt, durchaus kritisch, selbstkritisch oder schamhaft beschäftigt. Es rührt schon, wie er sich anstrengt.

Das Fragen, sein Verfahren, seine Offensive der Literatur beginnen schon früh und gären zunächst in der Handlung, um sich dann selbständig zu machen. Im letzten Tagebuch 1966–1971 versteift sich das Fragen zum Fragebogen. («Welche Probleme löst die gute Ehe? Ist die Ehe für Sie noch ein Problem?» usw.) Der Mann, lese ich, ist zwar auch bei diesem Autor das Prinzip Freiheit. Er ist es allerdings als Parabel, selten erscheint er persönlich als Lump oder Macho. Etwa dann, wenn der Autor die Frau mit der Pfeife in der Hand skizziert, als sei sie ein Gentlemandelikt. Zum Beispiel die aus der Bronx emporgewucherte Ivy, Faber-Liebchen, das Efeu, das «eigentlich so heisst wie alle Frauen», und die er als heiratswütiges Doofchen denunzieren möchte. Oder die lungenkranke Professorengattin, von der er schreibt, sie sei ihm wie eine Irre oder Hündin vorgekommen, wenn sie seinen Bubenkörper geküsst habe. In Habana, Kuba, lernt er die schwarze Frau als Paradiesapfel kennen und beisst zwecks Erkenntnis hinein.

Solche Frauenskizzen haben keine weitere Funktion im Roman. Obschon sie symptomatisch sein könnten für den üblichen männlichen Blick. Der Protagonist interessiert sich nicht für ihren Beruf, wenn es «anständige» Frauen sind, überhaupt nicht für ihr Denken, sein Interesse ist eher anthropologischer Art, die Beobachtung der Spezies «Frau» an der Bar, an einer Party oder in der Oper. «Ich muss mir etwas gestehen, nämlich dass es selten eine Frau gibt, deren Gespräch mich interessiert, wenn sie mich nicht als Frau interessiert in irgendeinem Grad. Daher mein Blick auf ihren Mund.» («Mein Name sei Gantenbein», 1964)

Er hat es mit vielen gehabt, literarisch, er ist zweifellos ein Homme à femme. Und sein Faber, weltgängiger, weltläufiger «lonely wolf», will Mann unter Männern sein. In der Umarmung versucht Faber angestrengt an die zu denken, die er gerade umarmt, während ihm ein versäumter Telefonanruf einfällt und er feststellt, dass das Bild über dem Bett wieder schief hängt. Wäre der «Homo Faber» die Referenz allein, so würde sich das Frauenbild bei Frisch als Männerbild herausstellen, in welchem die Frau als Scharnier knarrt. In diesem rasanten Roman, der mich von neuem begeistert hat, entwirft Frisch jenen Prototyp Mann, der die Entfremdung in Form von Frauenfeindschaft sexuell unterhält, der sich dann aber vom Saulus zum Paulus wandelt, als er, man darf sagen, vom Schicksal heimgesucht wird. Davon später. Der Mann ist da noch eine Erscheinung aus dem Existentialismus, von Camus' «L'Etranger» inspiriert, und wir hoffen, dieser Typ sei zumindest in der Literatur überwunden.

Erstaunlich, wie viele man vergessen hat, Anja, Lila, Ivy, Camilla: die Kollektion von Weiblichkeit, mit der Frisch seine Prosa ausstattet. Damen zwischen Halbseidenheit und höherem Hausfrauentum hat er wie ein Prosacouturier entworfen. Sie erscheinen im Schneiderkostüm, rauchen pausenlos und finden im Winter nicht aus ihren Pelzmänteln heraus. Zahlreiche anonyme Eleganzen der Metropole, die über ein eigenes Feuerzeug, einen eigenen Wagen, eine Visitenkarte verfügen, aber namenlos bleiben, damit sie am Tag danach keinen Anspruch anmelden können. Einmal ist keinmal. Es kommt sonst der Tag, da sie fragen wird, wo bist du heute gewesen: das kennen wir schon. In «Mein Name sei Gantenbein» sitzt ein Geschäftsmann nach einem One-Night-Stand auf dem Hotelbett und wartet nervös, ja erregt darauf, dass sie nicht anruft, um der gemeinsamen Nacht die Treue zu halten. Die Treue als Verneinung der Fortsetzung, die Zuneigung wäre, sogar Sehnsucht, das Wort ist ihm nicht fremd, die Fortsetzung aber wäre die «Geschichte». Das ist der Unterschied. Liebe bei Frisch ist Ehe, zum Scheitern verurteilt, oder dann die «Geschichte» und das Geschichten-Machen das Hobby der Frauen.

Überraschung Nr. 2

Er ist kein Paternalist. Er hütet sich, Frauen zu belehren oder erziehen zu wollen, er nimmt sie zur Kenntnis, manchmal hört er sie an. Das erfährt man an jenen Figuren, die man nicht vergessen hat, weil sie Schlüsselfiguren sind. Die kann er ans Messer liefern, und nicht, um sie zu verschönern. Wie Julika, das Bild einer Tänzerin, die er krank gemacht hat, wobei sich die Semantik bald verflüchtigt. Sie ist auch im Sanatorium viel gesünder als er. Oder er schafft ein Inbild des Weiblichen, indem er es, diesmal die Mädchenblüte, wie ein Fotograf nimmt, aber wie ein Künstler liebt, wenn er ihren Nacken beschreibt, auf den das rötliche Haar fällt, oder ihren Gang in der schwarzen Cowboyhose, er ist genau und gross in der Momentaufnahme. Sabeth aus «Homo Faber»: Ein leichthin und meisterhaft in Gang gesetztes Bild der Unheilsbotin. Sabeth nämlich entpuppt sich als seine Tochter und er hat in ihr Hanna, die Mutter, geliebt. Sie war seine erste Braut, Halbjüdin, und hat ihn schon auf dem Standesamt verlassen, hat ihn nicht geheiratet damals, weil er gesagt hat, «dein» Kind statt «unser» Kind. Mutter und Tochter als Geliebte, nicht als Familie; wenn die Familie droht, flieht er in die «Welt». Auch ist er mit jungen Frauen nicht väterlich, weil ihn das alt machen würde, und das

Alter bei Frisch ein gefrorenes Trauma, das schon Mitte fünfzig beginnt.

Natürlich: Man könnte die Frauengestalt per se als Medium lesen, in dem sich das Männliche spiegelt, und kein Zweifel, das Männliche ist das Bedeutende. Seine Frauengeschichten sind Kreuzworträtsel, mit wenig Galanterie. Das heisst bei ihm (er ist Moralist, Zwinglianer unfreiwillig), dass er sie ernst nimmt. Schmucklos kunstvoll erzählt, in einer Aufrichtigkeit, die der Deklarierung nicht bedarf, welche dann «Montauk» vorgibt. Denn schon der Stiller ist eine persönliche Einvernahme, ein Prozess zum Straffall Geschlecht. Darin erscheint das Mann- und das Frausein als ein verpflichtender Dualismus.

Der Ich-Erzähler ist nie romantisch, auch wenn er Damen in den Mantel hilft. Er sieht alles, also immer auch das, was ihn stört an den Frauen, und es stört immer etwas, ohne dass es der Blick des Ästheten wäre, der er auch ist. Frisch spricht in den frühen Büchern oft von Schönheit, und dann nicht mehr, als hätte die Schönheit sein Thema verlassen, das unentrinnbare Thema der Ehe. Das ist das Eigentliche und wird im Laufe des Werks der zermürbte, in Aschenbechern abgestandene Rollenkonflikt.

Was fehlt, ist die Freude. Die Hingabe beschreibt er nicht, die Verführung in Ansätzen, aber das Diagramm einer Ehe gibt er erbarmungslos lückenlos. Die vertraute Ereignis- und Illusionslosigkeit vor der Zahnpastatube und dann im Pyjama, dieser in den Körpern begrabene Stillstand (nachzulesen in «Mein Name sei Gantenbein»). Doch bleibt das Scheitern in Form und behält Würde. «Sie wird gebraucht, unsere Schuld», heisst es einmal in «Montauk», «sie rechtfertigt viel im Leben anderer.» Er gibt das Eingeständnis von Schuld wie die Erklärung der Menschenrechte.

Überraschung Nr. 3

Er nimmt von Anfang an die unerbittliche und unerbittlich penible Festschreibung des Unterschieds vor, fast testamentarisch. Er schildert den Unterschied an vielen Verhaltensbeispielen. Weil er das Trennende ist und das, was zur Trennung führt: der geschiedene Mann trägt ein Stigma bei Frisch. Der Autor könnte zum prosaischen Meister der Differenz erklärt werden, angesichts des wörtlich herrlichen Materials, das er uns auf die Schwelle der Theoriebildung legt, lange bevor der Begriff Schule macht. Die Differenztheorie müsste ihn dann entlasten als Mann, zumal aus der Erkenntnis des Unterschieds das Scheitern folgt, es geradezu vorausgesetzt werden muss. In diesem Punkt ist er unbeugsam: Die Ehe ist ein Sakrament auch für den unkirchlichen Zwinglianer. Doch dass es die Frau ist, die die Differenz als gegeben darlegt, müsste ihn doch freisprechen von Schuld. Etwa im «Homo Faber»: Hanna schildert ihr Leben als verpfuscht. Sie interpretiert die Rolle der Akademikerin im Patriarchat sozusagen klassisch feministisch (von wem hat er das, anno 1962?). Darauf Faber, der heimlich wieder einen gemeinsamen Haushalt plant: «Wieso verpfuscht?» Hanna: «Du bist ein Mann, ich bin eine Frau – das ist ein Unterschied, Walter.»

Die Ehe ist höher denn die Liebe. Sein Wortschatz für Beziehung, die nicht Ehe ist – Verhältnis, Mätresse usw. – verrät ihn. Doch ist die Ehe nicht erhaben aus moralischen Gründen allein, sondern als Form. Als Gefäss – fast hätte ich Amphore gesagt! – für die Mannespflicht. Sie führt bei ihm ins Gericht. Die Ehe, das bibelbekannte Joch, und Max, ein Pharisäer der Treue. Ausserehelich kann also die Liebe nur die Untreue sein, ein Wort, das er in Ehren hält, sodass man gezwungen ist, «reinen Tisch» zu machen.

Das können wir einem Mann seiner Generation noch verzeihen, doch wir verzeihen ihm nicht, dass er diesen biedermännischen Anspruch den Frauen in den Mund gelegt hat.

Dafür muss man bei diesem Autor einen Grund finden, denn die Kleinbürgerlichkeit kann es nicht sein. Man stösst dann auf das Thema Eifersucht. Das ist ein grosses Kapitel, das fängt schon im ersten Tagebuch an, wie er da seine flammende Brust blosslegt, seinen Schmerz seziert, wenn «der Glanz eines vertrauten Gesichts, den du jahrelang auf dich bezogen hast, plötzlich einem andern gilt» (Tagebuch 1946–49). Da ist er ganz nah bei uns Frauen, in der Gefühlsverstrickung. Das hört nicht auf und endet vor Gericht in der letzten Erzählung «Blaubart» (1982). Darin wird der Mann unter anderem bei «weiblichen» Tätigkeiten ertappt, er entwickelt eine sentimentale Neigung, die Gegenstände der gemeinsamen Zeit zu berühren, verkaufte Möbel des gemeinsamen Hausstandes körperlich zu besitzen, abgesehen von der verzweifelten Not, die besondere Blüten treibt, etwa Raffinement in der Agenda-«Spionage». Fühlen (statt Denken) verwirft dann sein Faber später als «weibisch».

Er ist, als Autor, ein Mann der Verantwortung, er bezieht aus der Schuld seinen Stoff. Und er verpflichtet sich der Tradition, die Frau, die er begehrt, zu heiraten und sich ergo von ihr scheiden zu lassen, wenn er das Eheversprechen nicht erfüllt. In «Blaubart», einem hinreissend stringenten Stück Dialogführung, steht ein geachteter Mediziner vor Gericht und wird mangels Beweisen freigesprochen. Er sass zehn Monate in Untersuchungshaft unter der Anklage, seine Ex, die als Frau stets erfolgreich war und seit der Scheidung als Callgirl arbeitet, mit einer Seidenkrawatte erdrosselt zu haben. (Nun wäre es trivial, die Krawatte symbolisch zu deuten, und doch ist sie ein wiederholtes Motiv in Frischs Schreiben, als Ausweis bürgerlicher Lebensführung, der er im Pullover auszuweichen versucht. Einmal spricht er von seinem «kleinen Krawattenprotest». «Blaubart» verendet, man muss das so sagen, ein paar Monate nach seinem Freispruch, er geht im Operationssaal an einer Tat zugrunde, die er nicht begangen hat. Weil die Anmerkung «mangels Beweis» nicht im ausgehändigten Urteil steht, sondern im Kopf des für immer Angeklagten. Diese Erzählung ist die Bilanz des durch das gesamte Schaffen getriebenen Themas der Selbstüberführung, diesmal wie eine Bach'sche Fuge gebaut und ohne Gnade durchgespielt, imponierend in der Konsequenz, also ohne den Silberstreifen am Horizont, der dem verkappten Moralisten Frisch hätte winken können, nein.

Ein Schlüsselsatz lautet: «Ein gemeinsames Gedächtnis gibt es nicht.» Worin die Unvereinbarkeit von Mann und Frau angesagt, oder soll man sagen, begraben wird: Die Ehe mit Rosalinde Zogg, die der geachtete Mediziner, 54, Billardspieler und Segler, ebenso wie ihre sechs Vorgängerinnen «aus Liebe» geheiratet hat, scheitert, weil er sie, gibt er zu Protokoll, sexuell nicht befriedigen konnte. Wobei die Leserin in diesem Geständnis vor Gericht eine «self-fulfilling prophecy» vermuten muss: er braucht die Selbstanklage, um schuldig zu bleiben, denn eine einzige Frau, und nur diese, wird ihn niemals verlassen: die Frau als Spiegelbild seiner Schuld. Diese letzte Erzählung hat die hohe Literaturkritik nicht mehr annehmen wollen, sie ist des Themas überdrüssig geworden. Oder trat es ihr hier zu sehr auf den, ich sage absichtlich: Schlips?

Frisch und die Frauen. Sein pflegeaktives Frauenbild (er ist der Sohn einer Schweizer Hausfrau) muss man für bare Sicht nehmen, denn dieser Autor hat nie so getan, als sei der Ich-Erzähler ein ganz anderer als der Autor. Im Gegenteil bringt sein Ich-Erzähler noch die Pfeife mit (der er selber ganz am Ende abschwört), sozusagen als Corpus Delicti, als wolle er von uns, den Leserinnen, überführt werden, der Tat bezichtigt. Seine Tat aber ist das Schreiben, also die unantastbare Fiktion. Ein Paradox? Wohl kaum für einen, für den Aufrichtigkeit noch ein Kriterium der Literatur ist. Einer, der zum Schluss sagt, er mache Erfahrungen nur noch, indem er schreibe.

Elfriede Jelinek *Wir sind Kannibalen, Baby*
Die sieben Todsünden der Schriftstellerin

Man hätte es leichter mit ihr, könnte man sagen, sie sei das weibliche Pendant zu Thomas Bernhard. Der Hass würde dafür sprechen, den sie teilen. Und das Bindemittel für den Hass, das die Liebe ist, zu ihrem so genannten Heimatland. Und zu ganz ganz wenigen Menschen, die sie vor der Öffentlichkeit schützen. Beide haben dem Heimatland zuzeiten verboten, ihre in vielen Weltsprachen gespielten Stücke aufzuführen. Beide zeigen es als eine vom Faschismus durchtränkte, entstellte National-Idylle, die bei ihm noch ein Personal hat, bei ihr aber nur noch im System rotierende Puppen. Denn sie geht weiter als er. Und wird darum mehr verachtet als er. Sie bricht sämtliche Tabus, wenn sie das Geschlechtsleben der Spezies darstellt, das eine Herrschaftsmaschine ist, die zwar von Männern benutzt, aber von Müttern hervorgebracht wird. So wird gleich klar gestellt: Frauen sind nicht besser als Männer.

Elfriede allein zu Hause. Das war sie von Kind auf, das ist sie noch immer. Und die Mutter kein Hort, der Vater im Krieg. Elfriede hat keine Doktorspiele gelernt, sie durfte nicht in die Büsche mit andern Kindern. Elfriede richtet die Lust gegen sich selbst, als Gefahr. Es muss einen Grund für dieses sexuelle Henkersmahl geben, das Elfriede zeitlebens anrichtet. Schwer zu fassen, bei einer Grazie des Intellekts, den sie mit Kühnheit im Auftritt verbindet. Sie selber ist stärker als jede Vermutung über sie. Sie wird immer widerlegt durch die Gewalt ihres Werks.

Dass Elfriede das Kind in sich aufbewahrt, ist deutlich. Oft tritt sie im Kleinmädchenlook auf, will blondbezopft sein, noch weit über fünfzig. Die von politischen Obszönitäten verstopfte, von Sexualgewalt verklemmte Möse der Nation hat sie wie einen Kehrichtsack ausgestülpt. Dann den Staubsack ins Freie gepustet, sodass man nicht weiss, was drin blieb, an Trieb und Begehren von Elfriede allein zu Hause. Ein Staubsauger als Spielkamerad für ein kluges einsames Mädchen. Und vielleicht ist ein virtuoses und bedeutendes Werk aus dem traurigen Spiel mit dem Staubsauger geboren. Oder könnte es sein, dass hier ein Talent für einmal zu gross ist und aus der Person herauszürnt und wütet und sie erschlägt? Die Sprache ist ein Organ mit Verlangen. Vielleicht kommt alles aus diesem Organ.

Es kann ja nicht sein, dass sie die Identität ihrer traurigen Heldin Erika Kohut hauteng trägt, Erika, die von ihrer Mutter kastrierte Klavierspielerin, die mit Schere oder Messer oder Rasierklinge Hand an sich legt, selbst wenn man diesen Roman für ihren autobiografischsten hält. Sie ist ja, im Unterschied zur traurigen Haut ihrer Heldin Erika, eine Hoheit, wenn sie erscheint, wenn auch nicht gross von Wuchs. Fast klassisch ihr helles Gesicht, das dem alten k.u.k. Adel entstammen könnte, obschon sie von Vaters Seite her tschechisch-jüdischer Herkunft ist. Wohin sie geht, immer geht sie gut angezogen, immer und immer wieder zu ihrer Mutter, die auf demselben Grundstück lebt und keine Gäste empfängt, die neugierig auf die durch das Werk makaber sickernde Symbiose von Mutter und Tochter sind. Elfriede besitzt Stil und einen netten Mann seit dreissig Jahren, der sie galant begleitet, manchmal zu ihren Premieren ins nahe Ausland. Er lebt in München als Informatiker, wo sie ihn regelmässig besucht. Und sie wohnt im Elternhaus in Wien-Hüttelsdorf. Sie ist durch und durch mit diesem vor Vergangenheit ächzenden Land verwachsen. Während Kollege Handke in Frankreich nicht ungern als «Écrivain allemand» gilt, wird es niemand wagen, sie als deutsch zu bezeichnen. Sie ist zu sehr Würdenträgerin des kritischen Österreichs, im In- und Ausland eine ranghohe kulturelle Repräsentanz.

Aber lesen, Jelinek lesen? Der Starkritiker verzichtet dankend, die Geste ist eindeutig schnöde, der Laudator spuckt in die Hände, er greift in die Tasten, um die Pflicht anzurichten. Es juckt ihn der Triumph, eine Büchnerpreisträgerin schreddern zu dürfen, ohne Verluste, ohne Risiko, also ohne Angst. Es sieht böse aus, auch bei den Verbündeten im Bösen, der Frauen-Gefolgschaft in der Lektüre, seit dem Roman «Lust» (1989), der Partitur zur Gewalt in der Ehe. Ich wage zu sagen, das Buch «Lust» sei die Todesfuge für die grüne Witwe gewesen. Ihr Opus Magnum, «Die Kinder der Toten» (1995), hat dann die treue Gemeinde zerstreut.

Woran mag das liegen? Da schreibt eine Königin der Wortschöpfung, eine erkorene Majestät der Sprache, und niemand sieht hin. Liegt es am Eingriff, am Bruch mit der männlichen Zuständigkeit für das Freveln am Schreibtisch? Wir sind doch so schön aufgeklärt worden durch Georges Batailles obszönes Werk, Appollinaires elftausend Ruten, und der Marquis de Sade hat auch seinen Teil beigetragen. Blasphemie? Gewiss, doch damit erfüllt sie bloss das tradierte österreichische Schreibprogramm, von Horvath über Bernhard, Turrini bis zu Josef Winkler. Sich selbst schont sie nicht, salbt sich, nach dem exorzistischen Akt, mit Selbstironie.

«Sie hat sich in der Kunstnische, wo keiner sie kennt, ganz aufgerieben. Ihr Stolz darüber genügt nicht. Sie will die Aufmerksamkeit der Welt, der gebildeten Welt, auf sich ziehen. Die Welt soll durch sehr kleine Fenster zu ihr hereinschauen und über ihr lächerliches Leiden staunen.» So spricht die Aichholzerin in Elfriede Jelineks «O Wildnis, o Schutz vor ihr» (1985).

Erste Todsünde

Ein Klassenstandpunkt in sprachlicher Haute-Couture

Lächerliches Leiden? Das muss ausgepeitscht werden, schriftlich, so lange, so viel, bis aus Schlafzimmer und Schlucht das tausendjährige Reich der Lemuren tritt. Es gibt kein Leben vor dem Tod, und das Jenseits wird vom Diesseits errichtet. Egal, ob hier oder dort, wenn der Mensch eine Attrappe ist. Der Mensch beginnt jung, als Mädchen- oder Bubentraum, und wird dann bald eingeschraubt ins Gewinde der Gesamtbetriebswalze, genannt Leben, die ihn ausfällt, als kaputte Puppe oder als feiles Fertigungsteil. Die Frau ist vornehmlich als Frau geplant worden und übt das Amt der Geschlechtsfunktionärin aus. Im Nachkriegsschlafzimmer («Die Ausgesperrten», 1980, «Die Klavierspielerin», 1983), im Eigenheim («Lust») oder in der Pension Alpenrose («Die Kinder der Toten»). Sie ist eine Textile der Mieder- und Modebranche, hat sich mit Büstenhalter emporgezickzackt («Die Liebhaberinnen», 1970), im Fernsehen wurde sie geil, als Unterhaltungsnudel («Michael oder ein Jugendbuch der Infantilgesellschaft», 1972), dann aber geht sie den Weg allen Frauseins und wird Abfalltüte oder Saftpresse. Als Gattin, Tochter und Haushälterin («Lust», «Die

Klavierspielerin»). Wenn die Frau als Mensch vorkommt, dann immer als Auswurf. Sie ist das, was übrig bleibt, wenn alles vorbei ist. Ohne Existenz und ohne Zweck, im Batistnachthemd auf der globalen geländegängigen Scholle, die seit alter Zeit zunehmend von rechts eingenommen wird («Die Kinder der Toten»).

Es liegt also ein Werk vor, dessen Dimension, weil gefürchtet, sparsam erkannt wird. Dass man die Botin der schlechten Nachricht verfemt, ist wohl der Preis für die unberbittliche Kühnheit, die, um unbestechlich zu bleiben, schon von Anfang auf Distanz geht. Sie spricht immer von einem Klassenstandpunkt, zunächst noch für oder gegen ein Milieu, eine Schicht, und immer gegen das postindustrielle Patriarchat, dann aber wird dieses Schreiben gesamtgesellschaftlich dämonisch zu einem vernichtenden Psalm. Wird diese Autorin, die uns ein Kolossalgemälde hinschmettert, eine Vision, an der alle Vergleiche zerschellen wie komparatistisches Kunsthandwerk, für ihre Radikalität bestraft? Wir erinnern uns, Elfriede Jelinek war lange ein aktives Mitglied der KPÖ, und ist als Autorin eine Materialistin geblieben, die den Widerspruch tief in die Lexik treibt und die Dialektik zerklüftet bis auf den Grund. Dort stellt die unbeugsame Linke unsern Hirn- und Herztod fest. Aus der tiefsten Gosse teilt sie uns mit, dass wir taube Seelen sind. Die Gabe der Einfühlung ist uns zu unserer Jäger- und Sammlerzeit abhanden gekommen. Die Lektion ist repetitiv; was erlernt werden will, muss repetiert werden, vor allem das Bewusstsein fürs eigene Unglück. In geradezu demokratischer Gleichschaltung werden wir Kleister. Am Ende der Behandlung sind wir ein homogenes Massenprodukt. Die Beweisführung ist gravierend.

Zweite Todsünde

Kein Goodguy, kein Badguy und weit und breit keine Identifikation

Es ist alles am Anfang schon da, noch verkapselt in «Wir sind Lockvögel, Baby» (1970). Das ist zwar eine Plattitüde der Rezeption, man staunt ja oft in der Rückschau über den Erstling eines Schriftstellers, und ich mag ihr nicht die «Korrektheit» antun und sagen: Schriftstellerin. Hier geht es um eine Absolutheit, der das Geschlecht ausgesetzt ist, bis in die Einsamkeit eines Schreibens, dem auch jene Feministinnen abschwören, die nicht wissen, was sie an dieser Schriftstellerin haben, was für ein Grosses und Ganzes ihnen abhanden kommt, wenn sie sich zimperlich fürchten vor ihr, da sie schon früh die Macht des Sexus zu sezieren begann. Diese Massnahme führt zum Tod, der schon früh ins Leben eintritt, um dann alles noch einmal zu reproduzieren, der Mensch als sein eigenes Organtransplantat, das gärt in einem schlecht kompostierenden Anachronismus. Denn Zeit und Raum sind eins geworden im Opus Magnum: «Die Kinder der Toten».

Natur? Die Natur ist die Schablone für die Gesamtbetriebswalze, mit ein bisschen Grünzeug obenauf, in Wahrheit ist sie ein Schlund, der sich vom erbeuteten Menschenfleisch sättigt. So wird die Blutsbande aufrechterhalten: wenn Erika Kohut, Jungfrau, Tochter und Klavierlehrerin, ihre Mutter in der Bettschwüle mit Küssen drosselt; wenn der Sohn in der Familie ein Blutbad anrichtet («Die Ausgesperrten»). Es gibt keinen Fortschritt, die Genealogie wird gelöscht. Denn die Natur ist das organische und organisierte Kapitalverbrechen, auch heute, wenn Gudrun Bichler, Philosophiestudentin, mit aufgeschnittenen Pulsadern entfleucht, um sich den tödlich verunfallten Mordssportsmann Edgar Stranz vorzuknöpfen, von vorn oder von hinten, tot oder lebendig. Wer will das schon wissen? Dieses Schreiben will kein «Verständnis», das ist sein Affront.

Die frühe Prosa ist eine Satzmaschine, die die Klassenlage kurz- und kleinschreibt, und so lange darf man noch lachen, in «Lockvögel», in «Michael», in «Die Liebhaberinnen». Methodisch wie Minimal Music erscheint schon hier jener Satz, der die letzten Dinge hinter der Kommastelle erledigt: «warum ist brigitte nicht zufrieden mit dem was sie hat, nämlich mit nichts?»

Hier gibt es kein Hollywood der Moral, das die Guten ins Töpfchen und die Bösen ins Kittchen spediert. Im Frühwerk ist Jelinek noch eine «Konkrete», sie neutralisiert, atomisiert das Individuum. Entsichert die Weiblichkeit im plakativen Feminismus der 1970er Jahre: «in wirklichkeit ekelt sich brigitte vor säuglingen. in wirklichkeit würde sie ihnen am liebsten die zarten fussknöchelchen brechen, (...) und der frischangekommenen hauptperson einen dreckigen fetzen statt des geliebten nuckelschnullers ins maul stecken.» («Die Liebhaberinnen») Die Grausamkeit der Frau sei anders als die des Mannes, sagt Jelinek.

Dritte Todsünde

Die Gewalt ist kein «Event», sondern eine flächendeckende Monokultur

Wohin du blickst, jeder Körper ist Fremdkörper, Verkopplung, Verklumpung. Die Autorin arbeitet oft mit phonetischer Sinnquetschung. Der Sex ist sächlich und haust allein, neben dem Rumpf. Jelinek spielt alle Register, wenn sie uns zubereitet, uns lüstern hängt und henkt am Fleischerhaken, noch blutig oder durchtrieben tischt sie uns auf. Was doch Männer den Frauen und

Frauen den Frauen und Männer den Männern und Eltern den Kindern alles antun! Und dann – macht kaputt, was euch kaputtmacht – die Kinder den Eltern. Und was sie einander an perversen Köstlichkeiten im Kalender und auf Festtagen und zu Weihnachten und auf Urlaub anbieten! Das tut die Literatur zwar schon seit jeher, nur: Gewalt ist bei Jelinek nicht dramaturgisch und dient keiner Peripetie, sie ist kein Köder für eine «suspense» wie im immer hippen Frauenkrimi, Jelinek zeigt die Gewalt als eine geblähte, konsumistisch gedüngte Monokultur.

Gewalt also, und das ist das Skandalon, wird kein «Fall», sie ist kein Schicksal des Protagonisten, sondern der verseuchte, durchtränkte Stoff selbst. Mehr noch: Gewalt ist nichts Besonderes, sie ist ein Strukturelement der Gesellschaft, sie ist die mechanische, sich selbst vollstreckende, monströse Banalität. Und hätte Jelinek einen theoretischen Überbau nötig, so wäre er wohl bei Hannah Arendt zu finden: Eichmann als Jedermann, ein gewöhnlicher Täter.

Vierte Todsünde

Die Frau ist die Agentin der Norm. Als das dümmliche oder berechnende Passiv der Sprache

Die Frau wird nicht entschuldet durch die Bedingungen, die sie erleidet. Zunächst ist sie die kleine Hausfrau der Ideologie: «susi will in erster linie diskutieren und debattieren. (…) susi speit bei jedem mundöffnen eine ganze portion hungernde menschen in aller welt aus.»

Zunehmend wird sie das Zugerichtete, Eingemachte des Mannes, ein Kulturpräparat. Kein Deut von einer Ernennung zur Allegorie, zur feministischen Trobadora, Amazone oder Kommissarin, wie es die Frauengemeinde gern hätte. Als Mutter praktiziert sie die amputierte verkehrte Männermacht an ihrem Kind. Während der Herr Direktor mit seinem Gerät die Gattin aufschlitzt, spielt das Kind am «Briefkastenschlitz». Jelinek nimmt «Mutter und Kind» ins Fadenkreuz, sie will nicht, wie sonst die Kunst, die Frau zum Bildnis erhöhen, auch nicht in der Negation, will auch das Kind nicht erhöhen. Die Frau ist Rhetorik, sie ist das dümmliche oder berechnende Passiv der Sprache, aus dem sich die Wahrheit liest: «das äusserste, was paula erlebt, ist, dass sie einmal nein sagen kann. man sollte aber nicht zu oft nein sagen, weil man sonst einmal zu viel nein gesagt hat, und das glück in zukunft vorbeigeht.» («Die Liebhaberinnen») Die Frau kann nicht aus dem System austreten, denn sie vertritt das System, auf dem Nullpunkt.

Nun also kommen sie hoch, die Proleten. Werden Prokuristen und Führungskräfte, die ihre Frauen zu Tode fuhrwerken. Die werden dann das, was man gedankenlos «frustrierte Zicken» nennt. Werden Witwen, ohne ein bisschen gelebt zu haben, wie Karin Frenzel. Bleiben ewige Töchter, Gezücht von gierigen Müttern, wie Erika Kohut. Der Machtapparat mahlt ohne historischen Kontext. Die Söhne werden noch brutaler als ihre Väter im Krieg, wie Rainer Witkowsky. Im Gegensatz zu den berühmten Schurken, die zeigen, wie der Mensch ausser Kontrolle der Norm zur Bestie wird, wird der Mensch bei Jelinek zur Bestie durch die Norm. Seine Instrumentalisierung wird durch Sprachanwendung drastisch. Denn es wird zunehmend mit der Schubkarrenmethode gesagt, was los ist.

Den Roman «Lust» hat man ihr nicht verziehen. Er erstellte das Muster der Folter, durch deklamatorische Addition.

So wird die Erzählung vom Menschen zur gähnenden Fläche. Sie besteht aus Bosheitspartikeln, die einförmig gerecht auf die Angestellten der auslaufenden Zivilisation verteilt sind. Wenn die Weltliteratur Schuld und Sühne vorschreibt, um exemplarisch zu sein, so ackert Jelinek den Mief, bis er typisch ist. Der Sonderfall ist der Fall. Das Allgemeine sind alle. Und alle sind allgemein: gemein.

Das klingt zuerst, als würde man in einem fort die Bettwäsche wechseln. Fast klinisch fängt diese Sprachobsession an, dieser Benennungsfuror, und rotiert dann weiter und weiter in die Sache hinein. Je mieser das Personal im Verlauf der Verhältnisse wird, desto höher der Ton, der es lenkt und leitet. Die lautliche Assoziation geht vom «langweiligen» zum «langwelligen» Aber, reicht von der «Autorität» zur «Autotür», um «Sinn» zu zerschlagen. Nur in ihrem autobiografischsten Buch («Die Klavierspielerin») fühlt man ein wenig mit Erika, dem späten Mädchen, doch kaum setzt unser Bedauern ein, schippt Erika ihrer Rivalin gut zubereitete Glasscherben in die Manteltasche, dann geht sie heim und bittet Walter, ihren Verehrer, brieflich um ihre Erniedrigung. Bis hierher hätte Freud noch etwas ausrichten können (Achtung, Selbstbestrafung!). Doch die Menschen werden von nun an mit Sätzen zermalmt. Wir sehen nicht hin; man erträgt diese Lektüre so schwer, weil sie eine Zumutung ist, im Sinne von Ingeborg Bachmanns Ausspruch: «Die Wahrheit ist dem Menschen zumutbar.» Jelineks grosse Monotonie des Abscheulichen ist die epische Simulation dessen, was Reinhart Lettau den «alltäglichen Faschismus» genannt hat. Mehr kann man einer zeitgenössischen Autorin nicht abverlangen. Nur eben: niemand will diese Leistung.

Das Erhabene muss demoliert werden bis in die grausame Zote. «Das Leben ist aus Gudrun zerstäubt worden, mittels eines Springermessers, das ein Lehrling aus apollinischen Locken hervorzucken liess, eine Machttat, wie alle, aus denen zukünftige Staaten sich manifestieren.» Ein Satz, der, wie es bei Kafka heisst, die Axt ist, die hier den Mord gesetzlich sanktioniert. Das Verbrechen ist ein mehrheitsfähiger Akt, der Staat macht und kommende Staaten. Man braucht bloss in die jüngste Kriegsgegenwart zu blicken. Dann heisst es weiter: «Der Lehrling lässt aber die Menschenrakete, die er versprüht hat, liegen; mit solcher Vollendung kann er nichts anfangen, der Körper wäre ihm auch zu schwer. Kein Gott hilft ihm seine Hosen nach oben zu tragen.» Mit dramatischer Vollendung, zum Beispiel des Tasso, kann die Autorin nichts anfangen. So hilft kein Goethe dem Lehrling, das Corpus Delicti zu entfernen, und kein Gott entfernt die Waffe und das Tatmotiv. So geht die Poeta docta E. J. auch mit dieser Schmähung aufs Ganze, um Hierarchien zu brechen.

Fünfte Todsünde

Es gibt keine Humanität, der Mensch ist der touristische Werwolf

Zuletzt ist der Mensch Tourist in der erstellten Natur, er erscheint im «Menschenpelz» oder als Tierhaut, wie die Ironie von allerlei Menagerie. Er aalt sich als Fisch auf dem Nadelboden, bis ihm der Alpengebirgsförster, nein, nicht den Gnadentritt gibt, sondern ein Körperloch stopft, mit irgendeinem seiner energischen Glieder, etwa mit seinem Pflock. Damit der Tourist etwas taugt, als «Menschenledersessel». Einmal spricht Jelinek von «Körperverletzung als Utopie».

Der Tannenwald ist die günstig auszunehmende «Obersturmbranche» mit einem Instinkt zum Astloch als Schlüsselloch, dahinter sieht man den Werwolf beim Schänden. Die Urlauber sind die Menhire der Alpengesellschaft, Mumien in Alltagskleidern, die beim Verkehr stürzten; in der Leibeigenschaft der nahtlos sitzenden Boxershorts liegen sie mordsmässig einzeln in den Schluchten einer unrettbar braunen Landschaft. Jelinek bläst zum Halali auf die österreichische Heimatliteratur, und dazu zählen auch Grössen wie Josef Winkler, Christoph Ransmayr und Peter Handke, indem sie seit Adalbert Stifter den Kriegsschauplatz Natur zur Landschaftsfeier machen und ein Robert Schneider noch nicht damit fertig ist. In den 1960er Jahren hätte sie allenfalls eine Gesinnungskollegin in Marlen Haushofer («Die Wand») gehabt, das ist lange her, und seither rast die politisch gelernte Schriftstellerin im Lande allein gegen die belletristische Alpenverwertung. Ihr Tiermensch ist nicht wie in der Antike ein stolzer Kentaur, er ist Bastard und agiert als haarsträubender Pausenclown, kommt aus dem Kinderzimmer als einem «Ort der grossen Grausamkeit», um im Pelz seine Nächsten fertig zu machen. Dieses «homo-homini-lupus»- oder «Wolf-im-Schafspelz»-Getue ist ja bloss eine Folklore. Wisset, der Wald ist gar nicht schützenswert, o nein, und das Heideröslein zum Knicken da, Wanderer, denn die Natur ist ein industriell angeheizter, Mehrwert absahnender Anti-Rousseau, sagt uns die geschulte Kapitalismuskritikerin J. Wer will das hören? Wer hört ihr zu? Wir ertragen die ewigen Wahrheiten, und das sind die banalsten Wahrheiten, nicht von schreibenden Zeitgenossen, sondern nur noch in den Roben einer göttlichen Komödie, oder mit dem Shakespeare'schen Schwert.

Sechste Todsünde

Das Geschlecht ist die anthropologische Negation, das gegen sich und alle andern arbeitet

Gudrun Bichler, Philosophiestudentin, wird in der Tourismus-Prüfung zur Identitäts-Voyeuse. An was oder wen aber gibt sich Gudrun Bichler hin, wenn sie sich hingibt? An ein Fleisch, das «niemandem gehört» und dadurch zum «Ungehörigen» wird. Das Ungehörige ist etwas, das niemandem gehört. Das ist ein exemplarischer Satz der vertrackt alliterierenden Marx-Kennerin. Ein Satz, der die Aussage so lange läuten, verlauten lässt, bis das «Liebemachen» als Akt der Enteignung im Nekrophilen anlangt, wenn sich Gudrun Bichler in die beiden, im eigenen Schleim gelierten Mannesglieder im Walde verbeisst; die stossen als Überrest zweier in alter Zeit gemeuchelter Jungburschen unterm Geäst empor, sie wurden in der Tiefkühltruhe Natur konserviert. Der Penis bietet Nage- und Kleintierkost.

Die vornehmste Metapher für die Zierde des Mannes ist auf dem gastronomischen Feld zu finden, als Wurstsortenangebot. Es ist daher kein Wunder, wenn der Penis selten eine Delikatesse wird, als Phallus wird er sofort in Scheiben geschnitten, und man sieht: die Autorin scheut nicht vor dem mundfeilen Kalauer zurück. Elfriede Jelinek hat einen kannibalisch lüsternen Sinn für den Sex im Volksmund. Man darf grinsen, wie man über eine Dummdreistpostkarte grinst. Wenn man noch grinsen kann. Wenn aber die Kastration zur Semantik wird, tut es weh.

Siebte Todsünde

Alles trennt sich von allem, um den Einzelnen zu bergen, die Natur vom Menschen und der Mensch vom Geschlecht

Anders als bei ihren deutschen Zeitgenossen, etwa bei Bodo Kirchhoff, dessen Held sich gern im Spiegel beim Masturbieren betrachtet, schämt sich die Heldin Gudrun Bichler, wenn sie beim Sex in einer unvorteilhaften Stellung erscheint. Sie schämt sich – typisch Frau – nicht des Aktes, sondern dessen rückhaltloser Ansicht. Sie schämt sich der Auslieferung an das gefangene Ich. Wenn es zur Paarung kommt, so ist diese nicht Symbol der Vereinbarung, sondern der Trennung. Das ist vorab die Einverleibung in allen ausgeklügelten sprachlichen Formen – eine schreckliche Atzung, die etymologisch nahe bei Ächtung liegt. Und immer wird einer der gemarterte Restbestand eines anderen sein. Deshalb wird so viel mit dem Mund gemacht. Die Fellatio ist Kriegsvorbereitung des Mannes, während die Frau unbewaffnet in den Verkehr geht. Die Fellatio desintegriert alles Lebendige, nach dem Prinzip «teile und herrsche». So wird der Einzelne hervorgebracht. Das ist der Hymnus der Antigeburt. Alle spalten sich voneinander, im Vollzug der Verknüpfung, das sieht bloss aus wie ein Paradoxon, ist aber ein sexuelles Regelsystem. Die Frau wird vom Mann abgenabelt, wenn er dem Weiblichen buchstäblich den Mund stopft. Schliesslich verabschiedet sich das Geschlecht von der Person, die sich in Selbstkasteiung ausweidet. Sachdienlich sind dabei Wäscheklammern und Messer. Doch ist die Scheidung der Körper und Körperteile kein Ritual, sondern eine Verzweiflungstat.

Am Ende trennt sich auch die Natur vom Menschen: o Wildnis o Schutz vor ihr. Sie ist ja jene Instanz, die ihre verseuchten

Kadaver als Wiedergänger aus dem Erdreich spediert. Denn sie sind verdammt zur Verwesung im Dasein.

Postskriptum

Elfriede allein zu Hause hat den Gang in den Keller gewagt. Der Gang erinnert an Marc Dutroux und die Kellerlöcher aller Epochen. Sie hat alles zu Sprache gemacht, was sie erfuhr, ein schwer verdauliches, ein absolut notwendiges Lebenswerk. Das kann man eigentlich nicht lesen, man muss es erklimmen, Satz für Satz, obschon die Lektüre abwärts führt. Kein Glücksritter steht jemals vor uns und reicht uns die Hand über die Pfütze, nicht einmal Schadenfreude winkt uns vom Strassenrand. Und mit jedem Buch geht es einen Stock tiefer, bis auf den Grundwasserstand, den Urschlamm des alten Wissens. Da musst du hinab, zunächst durch den Orkus der dich pfählenden Wörter; wenn du feige bist, kommst du an der dir auflauernden Syntax eine Zeit lang vorbei. Das nützt aber nichts. Denn nun greift sie dich mit kalter Hand von hinten an. Sie kann dich würgen, bis ein Hohngelächter aus dir herausbricht und von den Wänden echot. Und immer ertappt sie dich in der Mördergrube, die dein Herz ist. Dann hast du erfasst, worum es geht, jenseits der Lektüre als Zeitvertreib.

Peter Handke *und die Deklination der Frau*
Er, nichts als er, und dann sie

Erste Ansicht des Dichters

Er geht über die Dörfer, und allein durch die Welt, er sucht keine Partnerschaft für das Gehen durchs Leben, er will allein sein und schreiben. Fürs Sexuelle braucht er hie und da eine Frau und fragt dann, wenn er auf die Redaktion kommt: «Herr B., wo kann man in Zürich denn ficken?» Man nimmt ihm den Ausdruck nicht übel, denn er spricht so seriös davon, als handle es sich um einen Gang zum Beichtstuhl oder eine soziale Verpflichtung. Was er vorhat, ist denn auch nichts weiter als ein Akt des spezifischen Umgangs mit der Gattung; er zeigt sein Verhältnis zur Welt, das sich der Naturerscheinung und dem Artstudium widmet, um sie erträglich zu machen.

Zweite Ansicht des Dichters

Er ist der letzte Verfasser geistig illuminierter Handschriften, die er in einer Mappe oder Plastiktüte zu seinem Verlag trägt, nach Frankfurt am Main. Eine Kopie hat er nicht angefertigt, er glaubt noch an die Kraft des Originals. Eine schlanke, nicht schlaksige Wind- und Wettergestalt, die ein Wams trägt und kein Sweatshirt, denn seine Sportlichkeit ist geistiger Natur. Um die Augen herum ist er virtuos gezeichnet von einem Leben, das Schreiben ist. Die Pupillen, hinter der Nickelbrille lebendig, fahren hin und her in eine Richtung, die weder rechts noch links liegt, sondern an einem unerreichbaren Horizont. Dort liegt das Reich des Gelingens, das Shangrila des geglückten Buchs, und dieses enthält lauter Denksichtkristalle. Der Hochgewachsene ist von eigensinniger Gestrafftheit, Gefasstheit, weil sein Gehen die Bewegung durch Anschauung ist. Wörter wie «Event» oder «Kommunikation» sind ihm ein Graus, er sucht sie zu meiden, wie er seine Leser, seine Fangemeinde zu meiden sucht. Er redet mit Mägden oder Literaturwissenschaftern so, dass man den Eindruck bekommt, dass er alles, was dazwischen liegt, verachte. Der Eindruck trügt.

Dritte Ansicht des Dichters

Er scheint von weit her zu stammen, irgendwo aus der Richtung Balkan, wo das Deutsche im Lauf der Geschichte zu einem Brandherd geworden ist. Das ist der Ort, wo der Funke des Engagements, der Parteinahme glüht, unter dem Strom gelassener Erzählkunst. Der Dichter ist fähig, seinen Alleingang zu höchster sprachlicher Wonne zu schmieden, welche er dann nur mit sich selber teilt. Einmal war da noch ein Kind, eine Tochter, bei ihm, die hat er eingebracht in die Ernte des Daseins aus dem Schrifttum. Das Kind war Stoff, aber blieb draussen, ausserhalb seiner Literatur. Denn er ist ein Vollstrecker der Zweisamkeit mit dem Bleistift. Er führt mit Absicht ein schweres Leben ohne Trost. Er lebt sein Schreiben nach innen gekehrt, er ist das Gegenteil eines Bekenners.

Der Gang durchs Werk

Und doch gibt es, ich wage zu sagen, Erlösungsmomente in diesem Schreiben, die mich nicht nur als Leserin, sondern als Autorin beglücken. Zum Beispiel in der «Lehre der Sainte Victoire» (1980), dieser stimmhaften und bewegten Erzählung über und um den Berg Cézannes in der Provence herum. Da heisst es: «Neu durchdrungen von meinem guten Recht zu schreiben; neu überzeugt von Schrift und Erzählung. (...) warum sage ich: RECHT zu schreiben? Es kam da zu dem Augenblick unbestimmter Liebe, ohne den es rechtens kein Schreiben gibt.»

Der unbestimmte Augenblick der Liebe bleibt auf weite Strecken im hohen Anspruch auf Erkenntnis durch unbestechliche Selbsterforschung verborgen. Das ist wohl ein Grund, warum mir Handkes Werk so erhaben vorkommt. Der Hass ist bei ihm wie eingekapselt oder unter Milchglas gefroren, eine andauernde Gemütskühlung und dann ein Entzücken: Handke lesen, das ist ein Wechselbad. Aber man sitzt nicht darin, sondern davor, wie vor einem Aquarium, an dessen Scheiben sich schimmernde Fische tummeln, stumm und rätselhaft, um sich sofort elegant zu entwinden, sollte ein Besucher sie aufstöbern oder gar füttern wollen. Er sperrt die Lebenswelt in die Vollendung ein; man kann die Vollendung von aussen besichtigen.

Er erinnert sich, schreibt er, eher an Gegenstände als an Menschen in seiner Kindheit, und das Menschliche greift er in der Rückschau geradezu anatomisch, es ist wie Knorpel. Er nimmt einen Gichthöcker an einem Zeigefinger, damit das Kind, das er war, sich daran festhalten kann. Die unbestechliche, unerbittliche Inspektion seines eigenen Radius kann jene gleissende Prosa hervorbringen, für die Handke berühmt ist, etwa im «Versuch über den geglückten Tag». Sätze wie Perlen gereiht, wenn der Gegenstand einheitlich und ebenmässig verarbeitet wurde. Die Kreatur, Fauna und Flora, die er auf einem Sichtbrett auslegt: mit dem ordnenden Auge gelingt ihm die Welt. Sofern keine Frau auftaucht.

Auffallend, wie plump dann sein Frauenbild ist, es fällt aus dem Portefeuille und liegt wörtlich daneben; im Unterschied zur Behandlung des Nachtfalters, des Glühwurms, des Lärchenwalds hinter dem Haus bleibt es vage oder ganz primitiv. Als würde der Autor den Blick vorsätzlich abwenden, wenn eine Frau in Sicht ist, als hätte er ihn schon immer von ihr abgewandt. Es gibt kein Frauenbild auf Augenhöhe, es sei denn, er verwandle sich selbst in die Frau. «Eine Flucht: eine Frau verfolgt einen Mann. Die verfolgende Frau reisst sich im Laufen die Perücke herab und entpuppt sich als Mann; der flüchtende Mann verliert den Hut und entpuppt sich als Frau, und beide fallen einander in die Arme.» («Das Gewicht der Welt», 1975–77)

Man könnte sagen, das sei eine Gleichstellungsphantasie, also ein Hoffnungsbild. Das Buch besteht aus lauter Notizen, es ist ein Kompendium von Epigrammen, Beobachtungen, Sentenzen. Es ist das Gegenteil eines Tagebuchs, es zeigt von innen nach aussen. Und es deutet auf einen Handke als Vorläufer des Genderdiskurses. Ein Pascha ist er nie gewesen, ein Patriarch konnte er, vaterlos, nicht werden. Und doch, es ist, als sei das Potenzial des versöhnten Geschlechts in seinem Werk lebendig begraben, und jemand müsste nur ein wenig schaufeln, um es zutage zu fördern. Doch niemand kam auf diese Idee, denn seine Rezipienten sind Männer.

Dabei ist Handke ein fortschrittlicher Mann und schon längst als Single unterwegs, lange vor dem allgemeinen Aufbruch. «Schön, eine Frau, die einen an nichts erinnert, kein Schwanenhals, undsoweiter», notiert er in den späten 1970ern. «Die linkshändige Frau», 1976 erschienen, wäre Anlass zur Vermutung, dass er ein sanfter Prophet hätte werden können, seiner Zeit weit voraus. Da ist

Handke der Schriftsteller mit dem weiblichen Ich, das er bald wieder weit von sich weist, in die dritte Person, die dann ein Verlies ist. Er selber hat ja als Mann etwas Androgynes, und man wäre nicht erstaunt über irgendein Coming-out. Aber es verhält sich ganz anders. Er outet sich nicht, in keiner Weise. Die Zeiten wissen noch nichts von einer Political Correctness. Der Umgang auf Redaktionen ist männerbündisch, das französische «frère cochon» trifft ihn besser. Man ist anzüglich unter seinesgleichen. Ein paar Gesten der Galanterie fallen ab, wenn die Volontärin auftaucht. Wer ihn zu jener Zeit sieht, den baumelnden Tagträumer Handke, Hände in Hosentaschen, glaubt einen ewigen Pubertätler und Hänger vor sich zu haben. Die schriftstellerische Reife sieht man von aussen nicht; wo er auftaucht, zeigt er zugleich seine An- und Abwesenheit.

Als junger Mann ist er wie viele homoerotisch im Geiste und hat einen Penis, der unvermutet irgendwo eindringt. Dafür ist kein Du vonnöten und kein Geschlechterdiskurs. «Wenn ich etwas mit einer Frau anfange, kommt mir das wie ein Verrat vor, an der unbestimmten Liebe zum Schreiben», sagt er zu André Müller, dem ZEIT-Autor. Die Sprache ist seine Geliebte, die er jungfräulich hält. Weil er schreibend nichts Geringeres vorhat, als die Unschuld der Wörter vor dem Verschleiss zu bewahren.

Wir Leserinnen hätten gern die Wahrheit der Dreizimmerwohnung gewusst, die er früh kennen lernte. Mit der erste Freundin hat er gleich eine Kleinfamilie gegründet und bald eingesehen, dass er kein Kleinfamilienoberhaupt ist; ein Vater aber schon. So viel können wir nach der Lektüre des vorläufigen Gesamtwerks schliessen: Seine Gefährtin war ihm nie wichtig genug. Denn der

Diskurs, oder gar der Geschlechterkampf, für andere ein produktiver Konfliktstoff, eignet sich nicht für eine Literatur, die «geformte Existenz» sein will.

Er ist Hausmann, in den 1970er und 1980er Jahren lebt er mit seiner Tochter. Er schreibt zu Hause. Er muss kochen, und das unterscheidet ihn von den Kollegen, die das Kochen als Kunst betreiben. Und dann dieser Grad von Banalität, wenn er Frauen beschreibt. Das nehmen wir ihm nicht ab. Er ist doch der Dichter der Empfindsamkeit. Dann sollte er uns schon einen triftigen Grund offerieren. Wenn er den Haushalt macht und das Kind erzieht, handelt er als Frau. Er hat das Weibliche unbewusst integriert, und so ist es für ihn bloss Aussenansicht, wenn es sich einmal zeigt, was nun selten geworden ist, denn das Weibliche hat ihn verlassen, vor langer Zeit. Das schliesse ich aus der Lektüre.

Man könnte seine Beziehungsstarre vorschnell aus seiner Biografie erklären: Armeleutekind, Alleinerziehendenkind, ungeliebt, in der Kriegszeit, Nazizeit, mit Stiefvater aufgewachsen, Internatsschüler: ein Fund für die Trivialpsychologie. Es wäre uns und ihm jedoch äusserst unangenehm, seine Literatur auf der Couch zu entblättern, und nicht nur aus Gründen der Diskretion uns gegenüber, die wir ihn früher mit heissen Ohren verschlangen, ja, das muss hier so stehen, sondern weil das für ihn das Allerschlimmste wäre: die Degradierung des Werks. Manchmal will er nicht ficken, manchmal begehrt er ein Weib, aber er begehrt sie als Jäger, und die erlegte Beute langweilt ihn bald. «Dann ergab es sich einmal während unserer halbherzigen Zärtlichkeiten. (…) Das Kind, das sie hatte, war nicht von mir», schreibt er, als wolle man ihn zur Rechenschaft ziehen, dabei hat er doch die Erfahrung mit Frau und Kind schon längst hinter sich.

Ein Schriftsteller von dieser, sagen wir, Hochgemutheit muss die Not zur Tugend machen und wählt die Flucht nach vorn. Das heisst, er verpasst sich mutwillig und von vornherein den Habitus des Frauenverächters. Das schützt ihn vor dem Vorwurf der Ignoranz. Geschenkt, einem Ästheten wie ihm therapeutisch zu kommen. Die Warnung steht deutlich zwischen den Zeilen. Doch der Verlust der tragenden weiblichen Gestalt in seinem Werk verhindert nicht, dass die Frau immer da ist, als Wasserzeichen der Negation oder als Fleck, der nicht ausgeht im Gewebe seines Erinnerns. Erzählen, weiss man, ist erinnern.

Es gibt ein literarisches Dokument von der Scheidung – er ist richtig verheiratet gewesen wie jeder anständige Dichter –, das ist der in den 1970er Jahren zum Kultbuch erklärte Roman «Der kurze Brief zum langen Abschied», eine Lektüre, die 1972 zu uns kam wie ein Road-Movie der Literatur. Ein junger Österreicher, der in den Dimensionen von Hemingway und Kerouac die Tankstellen- und Halbwelt der «lost generation» beschrieb, das wars, was uns damals an ihm fasziniert hat. Da hat er noch geladene Emotionen, und schreit im Hotel vor sich hin: «Du Ding, ich schlag dich zu Brei», wiederholt den Satz noch zweimal und weiter: «Bitte lass dich nicht finden, du Unwesen. Es wäre nicht schön, von mir gefunden zu werden.»

Dieser Roman ist eine einzige gepeitschte Auflehnung und der letzte Versuch zu einem persönlichen Engagement. Mit seiner Ex-Frau Judith will er noch abrechnen, und sei es, indem er sie zu seiner Rächerin macht: sie heuert gegen ihn mexikanische Killer an und schickt ihm Briefbomben ins Hotel, da geht es noch hoch her in seinem Schreiben. «Einmal haben wir uns auf der Strasse gewürgt und dann bin ich ins Haus gegangen und habe mir ganz automatisch die Hände gewaschen. (...) So bewegten wir uns vor Hass wie in einer Choreografie aneinander vorbei.» In Twin Rocks richtet Judith, frisch vom Friseur, die Pistole auf ihn, und die Fabel probt das Melodram einer Selbstjustiz. Es kommt am Rand des Pazifiks zum Countdown zwischen dem neurotischen Paar, das sich, wie wir der Fortsetzung entnehmen, anschliessend zusammenrauft und halbwegs versöhnt zu einem Rendezvous bei Starregisseur John Ford eintrifft: ein virtuoses Finale. Da entsteht in einem rasanten Filmriss-Verfahren die grosse Geste des Versagens: «Als ob dieser seltsame Zustand von Frömmigkeit wieder ein Zeichen dafür sei, dass ich mich noch immer nur in den Anblick von Gegenständen, nicht aber in andre Menschen versenken könnte!»

«Die linkshändige Frau» liest man dann wie eine Revanche in Symmetrie, indem der Autor als weibliches Agens auftritt. Eine Frau verlässt ihren Mann und handelt wie ein Mann. Das könnte die Fortsetzung des Dramas gewesen sein. «Die linkshändige Frau» ist eine Parabel auf das Rollenverhalten, das hat man damals nicht wissen mögen. Man wollte den neuen Meister ungeschürzt lesen. Nun ist das Alter Ego des Autors unschwer zu erkennen, wenn die Frau, die den Ehemann fortgeschickt hat für immer, zu schreiben anfängt, genau, zu übersetzen, wenn man weiss, dass Handkes eigentliche Profession das Übersetzen ist.

Seither erscheint die Frau als Störfaktor. Denn er gibt sich von nun an der Umarmung des Schreibens hin. In den Aufzeichnungen «Am Felsfenster, morgens» (1982–1987) hält er ärgerlich Rückschau. Das mit der Partnerschaft hat er im Frühwerk in flagranti erledigt. Und ein Pantoffelheld darf er nicht sein, er ist Künstler und macht aus seiner Situation Kunst; lässt also den weiblichen

Fluch als epigrammatische Geringfügigkeit fallen. «Die Frau, deren Geist (vor Freude) entflog, als der Erwartete kommt», der verhüllte Busen im Strandbad, als Trost für alle die andern, die «nichts mehr zu verlieren haben»: Das sind oft sanfte oder auch handfeste sexistische Stereotypen, die aus der Hilflosigkeit kommen. Die Partnerin wird im Verlauf des Schreibens die Unbekannte ohne Geheimnis. Er wirft sie in seinen Text wie den Groschen in den Waschautomaten, und heraus springt das notorische häusliche Elend: «Es ist wie üblich: sie kommt hierher, benützt für ein winziges Gericht alle Töpfe der Küche; lässt die Butter anbrennen, dann auch das ganze Gericht, so dass das ganze Haus bis zum Dachboden stinkt.» («Das Gewicht der Welt», sein «authentischstes Buch».) Dann wird die Lage odiös: «Die Frau hockte mit dickem Hinterteil meditierend im Wohnraum, (…) und der Mann wusch in der Küche das Geschirr ab.»

Die Erzählung «Wunschloses Unglück» ist biografisch und hat mich bewegt, als sie 1978 erschien. Nun lese ich sie mit zunehmender Frustration und frage mich nach dem Grund. Denn Handke erzählt das Leben seiner Mutter ohne Klassikeratem, als verzichte er diesmal darauf, Handke zu sein. Das ist ein sprachliches und menschliches Wetterleuchten und hat einen übergeordneten Blick für die politischen Umstände eines rasch besiegelten Frauenlebens, aus Armut und Knechtschaft Sloweniens in die Nazizeit Kärntens geworfen. Doch selbst in diesem scheinbar persönlichsten Buch richtet er sein Augenmerk mehr auf die Umstände als auf die Person. So erfahren wir manches über die österreichische Hitlerei und fast nichts von der Mutter-Sohn-Beziehung. Seine Mutter hat Selbstmord begangen, und das ist der Anlass zu «Wunschloses Unglück».

Das liest sich jetzt als eine situative Diagnose von Zeitgeschichte. Er sei, sagt der Autor, dabei zu «einer Formuliermaschine» geworden. Die Verzweifelnde ist bloss Fallstudie für den unfreiwilligen Heimkehrer gewesen. So gerät das Kernstück zum Thema Frau, das Bildnis der Mutter, zu einem literarisch berückenden, doch persönlich verdunkelten Scherenschnitt. Befremdlich bei einem Autor, der so ganz aus dem Leben heraus schreibt wie er. Da ist keine Spur von Ödipus, wie man auch hätte erwarten können. Die triviale Folgerung aus dieser verkorksten Mutterbeziehung wäre, dass der erwachsene Sohn nicht schwul ist. Ecce Handke: wo man die Liebe als Lehrstück erwartet, bleibt es dezidiert aus.

Für die geplante Erzählung «Die Wiederholung» (1996) notiert er: «Lange Zeit wollte ihn niemand, nur seine Mutter, dann wollten ihn andere, und es gab keine grössere Erleichterung, als der Mutter ledig zu sein.» Dass die Mutter das totalitäre System als ein Naturereignis erfuhr, war seine eigene Erfahrung: «... sonst hätt ichs auch gar nicht erzählen können, ich weiss doch gar nichts von meiner Mutter, hab so ein bisschen Instinkt und Ahnung.» Über die «Linkshändige»: «... ich könnt doch nicht über einen andern Menschen schreiben, wenn ich nicht (...) der Schauspieler (in diesem Fall eben) der Frau wär ...» Gesteht er im Gespräch mit Herbert Gamper. Ich hüte mich, solche Aussagen zu interpretieren. Es genügt, dass der Fachmann Tilman Moser das Werk von Handke psychoanalytisch zu deuten versucht hat.

Im Verlauf der Verarbeitung schwingt er sich oft zu einem bekenntnishaften Sarkasmus auf: «Fortschritt: wenn L. (Libgart Schwarz, Ehefrau) früher ihre unklaren lyrischen Bemerkungen hören liess, verzog ich mindestens das Gesicht; jetzt hebe ich grade noch die Augenbrauen.» Frauen reden zu viel: «Das Erotische an einem Nachdenklichen und deswegen erscheint mir eine Frau so selten erotisch», notiert er in «Am Felsfenster, morgens». Das klingt fast wie Notwehr. Der Erzähler ist als Mann zunächst einmal trotzig, er grollt durch mehrere Bücher. Es ist ja nicht so, dass er die Liebe nicht kennt: «Auf Griechisch heisst die Liebesvereinigung: das Grösste geschieht», notiert er andächtig beim Übersetzen. Das Lieben hat Frucht getragen, die Frucht ist metaphysisch und rein und heisst «Das Geliebte». Die Liebe ist also im Verlauf der vielen Partnerschaftsproben sächlich geworden. Das hat System. Denn wenn das Lieben sächlich geworden ist, kann er es in sein Umfeld eingliedern. Das ist sein Zweck- oder Zwangsoptimismus, mit dem er das Unbegreifliche klein macht. Um es auf seine Art in den Griff zu kriegen. Doch hat es keinen Status wie das Tier, das zärtlich geschildert wird. Das Tier geniesst hohe Achtung bis in die Mikrostruktur. Die nächtlich um die Lampe taumelnde Motte ist seiner Zuwendung ebenso sicher wie der philosophisch bedachte Zitronenfalter. Vogelarten geniessen seine besondere Aufmerksamkeit. Er widmet sich mit Hingabe allem, was mit Flügeln ausgestattet ist. Und sind Flügel nicht seit jeher ein Sehnsuchtsmotiv des Genies gewesen?

Den Aufzeichnungen nach zu schliessen muss es auch gute Zeiten für eine Gefährtin gegeben haben. Das ist lange her, und aus der Vergangenheit leuchtet dann das Geliebte, das ihn immer von neuem verliess. In der Retrospektive zeigt es sich ziemlich verklärt, und dann streift ihn die tiefere Einsicht: «Liebend kann ich nicht haben wollen, also kann ich dir auf deine Frage ‹was soll ich tun?› keine Antwort geben. Aber ich kann die Frage verstehen und dir mein Verstehen geben.» Doch auch in der halbwegs geglückten

Zweisamkeit bezieht er alles auf sich und erkennt die Liebste erst an ihrer Verletztheit. Denn: «Liebhaber ist der, der die Wahrheit sagt.» («Am Felsfenster, morgens»)

Durch sein ganzes Werk hindurch versieht er Frauen mit Namen wie Etiketten, damit er sie nicht näher beschreiben muss. Judith, Marianne, Claire, Ana und all die andern. Er will nichts von einem Individuum Frau wissen, wenn sie denn einmal bei ihm ist. Das Nichtwissenwollen vertritt er explizit, das kann die Politik betreffen, oder eben die Frau. Es kommt in seinem Schreiben geradezu zur Pflege der Frauenverneinung. Was zum Teufel hindert diesen gesunden, erfolgreichen, hochbegabten und unzweifelhaft heterosexuellen Dichter daran, die Frau zu erkennen?

Er müsste sie zunächst einmal anerkennen, und dafür müsste er sie einmal betrachten. Stattdessen beobachtet er sie, er beobachtet die Frau, als müsste er auf der Hut sein, vorsichtig, geradezu neurasthenisch. Er ist ja überhaupt Beobachter, wenn er schreibt, das gemüthafte Kontemplieren ist nicht seine Sache. Über Claire, Gastgeberin in Phönixville, heisst es in «Der kurze Brief zum langen Abschied»: «Er war erstaunt, dass es über sie etwas zu sagen gab (...). Ich sollte noch ihren Namen nennen, konnte aber nicht. Ihr Gesicht war gross, es war unpassend, sie zu streicheln.»

Was fehlt, ist die Anschauung. Die Kenntnis, als Bedingung von Erkenntnis, setzt Anschauung voraus. Die Scham verbaut aber die Anschauung, die zum Begehren führt. Doch, doch, es gibt eine Libido, aber es ging mit der Sexualität immer rasch, Triebbefriedung bedarf keiner Worte, fast keiner. Denn sie fragt nichts und verlangt weder Interesse (= Dabei-Sein) noch Rechenschaft. Alles klar.

«Bring keine Frau zum Sprechen.» Das ist die Quintessenz, das ist der Schlüsselsatz, den er schon in den frühen 1980er Jahren prägt, aber erst kurz vor dem Jahrhundertabschluss publiziert, 1998, in den Aufzeichnungen «Am Felsfenster, morgens». Mit dieser Bedeutungssetzung sind wir schon in Gefahr, jenem feministischen Mythos aufzusitzen, wonach die Urangst des Mannes vor dem Urweib Frau alles hienieden vermasselt hat. Das wollen wir ihm – und uns – nicht antun.

Denn er ist freundlich und hält es mit den allein erziehenden Müttern. Auch mag er Kinder, ist kindlich verführbar, und hat ihn das Glitzern der Halbwelt in das grosse weite Amerika gelockt. Dort ist es ihm mit dem Beschreiben am wohlsten, wo die Haftbarkeit einer Heimat entfällt. In diesem anonymen Pionierland könnte er ungestört hinsehen, auf die donnernde Grossstadtverführung; das US-Angebot ist damals noch permissiv. Und die Distanz, die er als Tramper hat, müsste ihn geradezu zum Voyeur machen. Doch ist er dann auch im Puff oder an einer schummrigen Party nicht Voyeur, sondern Quick-Konsument. Die Frau als Begegnung ereignet sich nicht, höchstens die Frau als Gattung, wie gehabt, und die hält er sich als schnelle Notiz vom Leib. Es gibt Bekanntschaften von früher, wo die Frau als Kumpel auftritt. Sie ist dann einfach schon da und macht keine Umstände aus einer Vergangenheit.

Im Liebesakt schaut er nicht die Partnerin an, sondern sich selber zu. Im Liebesakt also die Selbstbespiegelung. Darin ist er ganz Mann wie Frisch und andere Schreibkollegen. Aber er hat einen anderen Grund. Diesem jungen Gralssucher der Literatur ist schon die menschliche Präsenz zu viel. Wenn sie, weiblich und sinnlich, dann auf ihn zukommt, geht er in Deckung bei der Schöntraurigen, denn das ist die Einzige, auf die er sich einlässt. Das wahre Du gehört der Belletristik und den verehrten Schriftstellern. Frauen kommen auch weiterhin vor, aber ihr Vorkommen verkriecht sich im Mantelfutter der Fabel. Dass sie manchmal kurz wieder auftauchen, zeigt nur, wie nebensächlich sie sind.

Es muss eine Vorgeschichte gegeben haben, die er uns vorenthält. Oder eine Urszene fand statt. Nehmen wir an, dass die Frau ihn erotisch herausfordert, was er offenbar als Belästigung empfindet. Worauf sie ihn verbal angreift und fertig macht. Das wäre eine Hypothese auf Grund von «Mein Jahr in der Niemandsbucht», 1995 erschienen. Da lesen wir: «Ihr letzter Blick war Hass so rein, dass mir der ganze Umkreis davon in Weiss getaucht schien. Die Trennung hatte die höhere Wirklichkeit als das oberflächliche Ineinanderübergehen.» Das grosse Davor hat er wieder nicht überliefert, diese unnütze Einrichtung namens Beziehung mottet er ein, hat sie bis zur Unkenntlichkeit eingewintert. Weil die Frau als Subjekt auch diesmal nicht zu bewältigen war.

Es fehlt also, grundsätzlich, der weibliche Eros. Das meint das Ganze am Weib. Jutta Heinrich muss das Schlimmste für ihn gewesen sein: das Geschlecht der Gedanken. Ein feministisches Schlüsselwerk zu einer Zeit, da seine Sozialisation als Mann stattfand. Bei ihm muss alles sauber getrennt sein, in eine Oberhemdwelt und eine Bauchunternabelung. Nennt mans Prüderie? Das Wort ist zu kurzatmig für diesen Autor. «Ich habe mich immer geniert, ihr gegenüber aus mir herauszugehen», heisst es einmal in «Der kurze Brief zum langen Abschied». Ist es die Scham, die ihn daran hindert, sich wirklich mit dem Geschlecht, dem andern Geschlecht einzulassen? Schon als Kind ist es ihm peinlich, wenn die Mutter auf dem Spaziergang mal muss, sie geht aus Rücksicht auf das schamhafte Kind dann nicht in die Büsche.

Nun wissen wir von Freud: Das erotische Interesse stammt aus der Kindheit, es hat zu tun mit dem ersten Tabubruch. Mag sein, dass er ihn traumatisch erfuhr. Einmal heisst es, «ich mag die Menschen nicht anfassen beim Schreiben». Es dauert seine Zeit, bis man ihn als Puritaner erblickt. Ja, er ist ein Puritaner, der, wenn es sein muss, mechanisch Hand an sich legt, den Vorgang notiert und Schwamm drüber. Die Frau als Geschlecht tastet er im Schreiben nie an. Vielleicht kultiviert er stattdessen «das Kind», weil da für den Puritaner die Geschlechterfrage entfällt. Kinder sind als Wesen vor seiner Vergegenständlichung sicher. Ich sage das ohne Sarkasmus.

Das Desinteresse am Menschen, das sich im «Kurzen Brief» noch dynamisch liest, langweilt zusehends, wenn er aus Berührungsangst seitenlang bloss protokolliert, was Frauen so tun und lassen. Doch dann springt ein Funke, bricht sich ein Gedanke an einem Stuhlbein in einer Bar. Und man ist plötzlich hellwach wie im Kino oder im Theater und wartet auf ein Ereignis. Und wieder ist es nur die Streifung durch eine Ahnung gewesen, und er ist gleich zurück bei seinem unentrinnbaren unerschöpflichen Ich. Trost ist bei den Dichtern. Der grüne Heinrich zum Beispiel, auch so ein armer gefrorener Geselle, zu dem er heimkommen kann, nach einem verpatzten One-Night-Stand, dann Emanuel Bove als Leidensgenosse in der Ehe, Thukydides oder Juan de la Cruz: Denk-Strategen aus dem Altertum stehen ihm bei.

Er pflegt zuvorkommenden Umgang mit grossen Autoren, die zeitlich und räumlich entfernt genug sind, um keine Rivalität aufkommen zu lassen. Eine Männerwelt, ein Pantheon voll Weltgeist. Und weit und breit keine Autorin in Sicht. Wo bleibt zum Beispiel die Duras, die er doch gelesen und kennen gelernt haben muss?

Die Duras ist ihm kein Zitat wert. Gehört sie zum Hickhack, den die Branche so mit sich bringt? Gehört auch die Duras zum beruflichen Ach und Krach mit den Frauen? Er hat, wie man hie und da aus der Presse erfuhr, Affären gehabt mit französischen Schauspielerinnen, er war in Frankreich fast ein Darling. Ist dann die Duras vielleicht doch zu vital und zu stark für ihn, ich meine, um sich mit ihr schriftstellerisch einzulassen? Dafür ist Rahel Varnhagen historisch genug, um erwähnt zu werden, und Katherine Mansfield als Antipodin ist ihm ein oder zwei Sätze wert, für seine Erzählung «Die Wiederholung». Ach was, die Frauen.

Peter Handke ist der Herold einer neuen Generation gewesen, die Abschied nimmt von der Dialektik im Schreiben und nichts hält von einer Literatur der gesellschaftlichen Relevanz. Abstand ist denn sein Lebensmotto geworden, und das heisst, seine Devise im Schreiben. Das ist die Selbstrettung. Da gibt es keine Reibungsfläche durch eine Sozietät.

Er bewegt sich zunehmend auf dem Pfad der Läuterung, auf dem man ihm folgen kann, indianerhaft, am besten im Unterholz, denn sonst wäre man mit dem reizbaren und scharfsichtigen Ego allein. Der Pfad kann noch immer ins Reich des Wunderbaren führen, was der Autor offenbar vermeiden will. Nichts wäre ihm unangenehmer als der geneigte Leser, der nickt, ganz zu schweigen von einer anbetungswilligen Frauengemeinde. Doch kann man seinen zweifellos messianisch gemeinten Duktus bewundern, er gewährt Einsichten in die Kunst des Alleinseins. Man fühlt sich dann geradezu dümmlich sozial.

Die kultivierte Abwesenheit, das ist die Metaphysik seiner Scham, oder seiner Geniertheit, einem Lebendigen nahe zu sein.

Die Frau seines Spätwerks hat höchstens noch eine Berufsbezeichnung als «die schöne Apothekerin» oder eine ethnische Herkunft, «die Katalanin», und wird am Ende «die Siegerin». Das muss so sein, denn die Rolle des Besiegten kommt ihm zupass. Eine Verurteilung erträgt man leichter als eine Enttäuschung, denn das Urteil entlastet von einem Versagen in Selbstverantwortung. Man kann dann immer noch Manns genug sein als unverstandener Held.

In seinem vorletzten Roman «In einer dunklen Nacht ging ich aus meinem stillen Haus» (1997) beginnt die Fahndung nach der «Siegerin». Da heisst es: «Dabei hätte er sich vor ihr fürchten sollen, die Wunden, die sie ihm in der ersten Kampfnacht zugefügt hatte, mit ihren blossen Händen, waren noch nicht verheilt, (...) aber er wollte und musste die Frau finden, und sei es um den Preis eines dritten Kopfschlags.» Er schreibt weiter von ihrer Gewalttätigkeit, und führt die Rollenverkehrung in die brutale Absurdität: die Frau wird zur Schänderin des Mannes. Eine Schlüsselszene bildet der Auftritt der bildschönen Tochter des Dichters, die sich bei seinem Anblick sogleich in das hässliche Entlein verwandelt. Anschliessend wird seine unansehnliche Leibesfrucht verhaftet und von Polizisten abgeführt. Die Königin lässt ausrichten: «Zwischen Frau und Mann ist neuerdings Feindschaft gesetzt.» Und darauf folgt eine Jeremiade, eine Beschwerde wie in Gesetztafeln geritzt: «Nicht nur werden wir nicht mehr geliebt, sondern sogar bekämpft und wenn die Liebe ins Spiel kommt, dient sie nur noch dazu, den Krieg zu eröffnen. (...) Früher oder später wird die dich liebende Frau, so oder so, von dir enttäuscht sein, sie wird dich (...), wie sie erklärt, durchschaut haben, ohne dir aber zu sagen, worin sie dich durchschaut hat. (...) und sie wird dich keinen

Moment mehr vergessen lassen, dass sie dich durchschaut hat … denn zugleich lässt sie dich nun kaum mehr allein. (…) du selber denkst zwar keineswegs von dir als Schwindler, Lügner und Falschspieler und möchtest ihr wie bei eurem Anfang ein guter Mann sein, aber du bist gezwungen, dich als all das zu sehen, in und mit ihren Augen.»

So sitzt der geschlagene Mann, weil unfähig, nach Bedürfnissen von Gefährtinnen zu fragen, am Ende im Märchen ein und ist so klug als wie zuvor. Er möchte wie der klassische Romanheld von seiner «Siegerin» bestätigt werden als Mann, und das heisst dann fraglos als ganzer Kerl. Dieser Autor sei unfähig zur Differenz, das wäre nun die gebotene feministische Folgerung. Und immer noch suche ich ihn zu verteidigen: erhabene Speditionen bitterer Alltagserkenntnis in die Hochebene des Erzählens. Idyllisierung der Rollenstereotype: «Die Gärtnerin aus Liebe, weil sie den Garten liebt.» Oder: «Sie: erzähl mir was, und ich entschliesse mich, nachdem ich nachgedacht habe, nicht zu antworten.» («Am Felsfenster, morgens») Man kann sich die Situation drastisch vorstellen: sie wartet, er schweigt – man muss sie nicht weiter deuten, es ist bloss die Chronik der laufenden Abnützung. Es wäre nicht nötig gewesen, finden wir, die Frau am Schluss zur Hohepriesterin der ganz gemeinen Misere zu machen. Doch der Alleingang braucht Pathos, um ertragen zu werden. Das sehen wir ein. Schönschreiben, was genuin ordinär erlebt worden ist, das ist – summa summarum – sein Vorhaben geworden. Ist er deshalb ein früher Klassiker? Das könnte sein.

H. schreibt sein Werk in die Vollendung fort. Dass die Frau dabei zu einem Motiv unter andern heruntergekommen ist, bleibt sein Hohn und unsere Schmach.

Nachsatz, nachdrücklich

Peter Handke ist am Anfang des 21. Jahrhunderts einer der letzten Meister der erzählenden Prosa im deutschsprachigen Reich, vom Grosskritiker gemieden, was ihm als Auszeichnung gilt. (Er erwähnt, wenn überhaupt, Marcel Reich-Ranicki als «diesen Kerl aus Frankfurt».) Jedes zweite Jahr kommt bei Suhrkamp ein neuer Dickleiber von ihm heraus, in welchem die Welt- und Menschenverdrossenheit zunimmt. Und plötzlich flammt etwas auf, plötzlich wird er leidenschaftlich Partei. Als müsste er die ganze Biografie jenseits der Partizipation aufholen, schreibt er ein literarisches Pamphlet, in dem er sich flammend für Serbien einsetzt. Damit gerät er im politisch gepflegten Westen an die falsche Adresse. Er ist mutig und lässt sich von niemandem abhalten, sich gegen den korrekten Mainstream zu stellen. Er macht sich noch unbeliebter in den Salons der Literatur, als er dort bereits ist. Nun ist er sechzig geworden, frisch belebt und munter tritt er am Fernsehen auf; es ist, als breche etwas lange Verborgenes in ihm auf, als würde der «unbestimmte Augenblick der Liebe» nun einen Namen bekommen und produktiv sein. Sein Schreiben hat alle Bahnen gebrochen und gipfelt in einem noch dickeren Buch. Es heisst «Der Bildverlust» (2003). Da ist wieder der hohe Ton, aber diesmal ist es ein zugewandtes Halleluja, ein Frohlocken der Sprache. Das Erzählen ist festlich geworden; etwas Neues flutet in den alten Fjord, dessen Gestade schon immer grossartig war. Der Erzähler blickt hinter die Skyline mit homerischer Sehkraft, wenn er den Bildverlust als ein Schwarz-Weiss-Gemälde entwirft vor dem inneren Auge, das mehr sieht als die Netzhaut. Wie von grossen Wellen getragen liegt Europa vor uns, ein Europa, das grösser ist als seine Landkarte und reicher an Gegenwartsschätzen, als seine Politik weiss. Der schreibende Aufbruch beginnt in einer nordwestlichen Hafenstadt und geht in hinreissenden Szenen über die Lande, in denen der Geist des Vormärz weht (man denkt an Büchner und Lenz), jedenfalls etwas Radikales, das vermintes Gelände entschlackt. Aber auch das uralte Land mit seinem Seufzen und Wehgeschrei kommt zur Sprache, und – wie erstaunlich! – die grosse Wanderschaft wird von einer Frau unternommen, einer Bankkauffrau, die alles hinter sich lässt für die Erklimmung der Sierra de Gredo, im Westen des iberischen Subkontinentes, als handle es sich um einen Wirtschaftsgipfel im Everest-Massiv, und die Überraschung nimmt kein Ende, denn die Heldin tritt auf wie ein vom internationalen Modehaus Prada ausgestatteter Abraham da Santa Clara und ist dabei äusserst modern, nämlich eine vollkommen souveräne Single auf dem Höhepunkt ihrer Karriere, von der Mannheit befreit, beziehungsfrei, ganz und gar gelöst von einem Ehemaligen, das unterwegs lauert, in Gestalt des Geliebten auf der abgehakten Checklist. Du sollst dir kein Bildnis von der wahren Emanzipation machen – ist das die Botschaft? Der Erzähler Handke hat sich, die Anzeichen sind offensichtlich, in eine Topfachfrau versetzt, die ihrer Karriere überdrüssig geworden ist. Seit der «Linkshändigen» hat er immer in der Einzahl von «der Frau» gesprochen, nun scheint sie sein Mantra geworden zu sein.

So erzählt dieses Buch zugleich die Metamorphose seines Verfassers. Der Mann Handke hat den Autor überrumpelt, überwältigt und ihn zu einem erotischen Transfer veranlasst, der Mann H. hat sich dem Schreiben hingegeben als sei es ein Du, und so ist er endlich der Sächlichkeit entronnen, die ihn so lange gehemmt hat.

Die Sätze, wenn sie stillestehen sollten, was selten geschieht, bilden funkelnde Intarsien der südlichen Denkbewegung. Und siehe da, das Geschlecht der Gedanken wird weiblich und die Frau ist Subjekt, von einer umwerfenden Autonomie. Vielleicht ist der Autor als Frau erwacht, nachdem er eines Nachts seine Scham vor der Anschauung hat fahren lassen. Er hat sich der Frau anverwandelt, weil er sie endlich gesehen, entdeckt hat.

Hannah Arendt *Wie erotisch ist Denken?*
Oder warum sie kein Frauenleitbild geworden ist

Sie hat es mit dem Feind gehabt. Und ausgerechnet der arische Herr Professor muss es sein, dem sie verfällt. Einen Vaterkomplex hat sie nicht davongetragen, sie ist zu stark: Hannah Arendt und Martin Heidegger, zwei sich umarmende und dann voneinander abstehende Säulen deutschen Denkens im 20. Jahrhundert. Einspruch! Sie wird sich bedanken, als «deutsche Denkerin» bezeichnet zu werden.

Man hätte so gerne gesagt, sie war «eine von uns». Doch hat man sich nicht getraut. Nicht nur, weil in so einer Wendung die typische deutsche Biederkeit steckt, die an Heinz Rühmann erinnert und «Mädchen in Uniform»; also eine Zumutung für eine deutsche Jüdin, die auf der Suche nach Wahrheit 1949 ins Nachkriegsdeutschland zurückkehrt. Sondern auch, weil eine Frage, die Frauenfrage heisst und als Frauenfrage vorstellig wird, von einer Hannah Arendt nicht ernst genommen werden wird. Arroganz? Das hat man ihr oft vorgeworfen. Sie nickten sich von ferne zu, die Frauenfrage und sie – eine Formalität, die sich von selbst regeln wird, hat die Denkerin immer gedacht. Und der Feminismus, der danach kam und zu grösseren Horizonten aufbrach? Der die Menschheit umzukrempeln gedachte, damit frau kein man mehr braucht? Er hat immerhin an der Norm gerüttelt, sodass wir nun keine Gleichung mit zwei Bekannten mehr haben, Mann und Frau, sondern Gender, das Geschlecht als Blueprint. Und anstatt

Eros & Thanatos vielerlei lüsterne Sexualitäten aus der Abteilung «Do it yourself». Das geschah aus tiefer Sehnsucht der feministischen Theorie, dass das Lesbische das Weibliche an sich sei.

Die feministische Theorie war aus der Psychoanalyse und der Gemeinde um Lacan ausgeschert und schuf die Allegorie «Frau» für die schöne Kunst und die Wissenschaft. Das begab sich in den 1970er Jahren und hat Radikalität für den Elfenbeinturm und Identität für die Nische gestiftet. Die Frauenfrage aber blieb hocken allein auf Asphalt, und der Rest hiess Schweigen im Parlament.

«Es ist eigentlich an der Zeit, dass Frauen sich in die Gelehrtengemeinde begeben und ein wenig Lachen unter diese ernsten Tiere bringen», hat Hannah Arendt gesagt und mitleidvoll auf die Männer ihrer Umgebung geblickt. Und was für Männer, die weitgehend ihre Männer sind! (Heidegger, Anders, Jaspers, Blücher) Doch keiner hätte sie je sagen hören, wissen Sie, mein Mann. (Seit 1963 ist Hannah Arendt Professorin in Chicago, lehrt ausserdem später an der New York School for Social Research.) Ecce homo, das schwache Geschlecht, das eher der Schonung als des Angriffs bedarf. Weil es nicht mit seiner Sterblichkeit umgehen könne.

Am Lebensende sagt sie zu ihrer Freundin, der Verlegerin Helen Wolff in New York: «Wenn du und ich tot sind, weiss dann überhaupt noch jemand, was Liebe ist?» Der Altfeministin verschlägt es die Sprache: So einen Satz hat sie nicht erwartet; die Selbstverständlichkeit schon, aber das Bekenntnis, das er enthält, das diese Frau, die sich unter männlichen Geistesgrössen bewegt, fallen lässt wie irgendein Ding, den Einkaufszettel vielleicht. Der Satz setzt a) die Liebe zwischen Personen als gegeben voraus, und impliziert b), dass die Liebe von Frauen ausgeht und von Frauen verwaltet wird. Eine alte, immer neu erkannte Weisheit oder die tradierte Plattitüde? Die verrauchte Bewusstseinsschärfe, mit der Hannah Arendt spricht, lässt auf das Erste schliessen. Sie fordert mit diesem Statement zwischen Demut und Anspruch heraus. Der Satz fällt aufs Pflaster in New York City. Aus der Vertrautheit zweier verbündeter Frauen im Exil, zwei, die hochgradige Berufsfrauen sind. Für sie ist die Alltagsplackerei kein Thema, der Haushalt wird irgendwie erledigt, er ist noch keine Conditio sine qua non der Lebensgemeinschaft. Die Zeit, da der Haushalt ein Pingpongball des Geschlechterkampfs ist, wird noch kommen. Und gehen.

Es sind die frühen 1970er Jahre. Zwei geistesarbeitende Freundinnen sitzen zusammen in einem Café von Manhattan und nehmen sich beim Wort, um der Bedeutung zu trotzen, die die deutsch-jüdische Intelligenz in den USA vorschreibt, welche eine patriarchalische Intelligenz ist, von Albert Einstein bis Thomas Mann. Diese Souveränität der Distanznahme, zu sich und den anderen, was auch Rücksichtnahme bedeutet, und gleichzeitig das umfassende Weltverständnis, das die Provokation nicht verhehlt. Man denke an ihre These, dass Eichmann ein banaler Mensch war. Das kommt alles aus ihr als eine natürliche Gabe, als hätte sie ein zusätzliches Organ gehabt, eines, das uns gefehlt hat. Ich behaupte, sie sei der Weltgeist der Frau, der mit der praktischen Seite des Hirns auf die Zustände pocht. Und schon höre ich Protest: der Superlativ habe ihr nicht gepasst, sagen alle. Typisch weiblich, denkt die Altfeministin, und das wird noch zu begründen sein. Hannah Arendt hat von vornherein einen andern Weg eingeschlagen, den Einzelgang als Intellektuelle, Jüdin und Frau, was sie immer zusammengedacht hat. Und dann nimmt sie, Feministin avant la lettre, die Essenz der Differenztheorie voraus, welche Gender voranging, von den Vernünftigen sozusagen als Konzessionsangebot ausgeheckt: «Mann und Frau können (...) nur gleich menschlich (sein), indem sie voneinander absolut verschieden sind.» Sie ist / sagt / tut im Voraus, was die Frauenbewegung anstrebt. Sie IST, ich behaupte, die Inkarnation der Emanzipation. Die gelernte Altfeministin weiss ja das Alibi von Karrierefrauen mittlerweile zu deuten: «Ich bin zwar keine Feministin, aber» sagen sie, und ihr Aber enthält dann das gesamte Frauenförderungsprogramm: O Sprache, du Unerlöste, du zeigst mir, woran es gebricht, wenn es nicht vorwärtsgeht! So eine Sinnzerknirschung hätte Arendt niemals gebraucht. Das zeigt uns, in welchem Masse die Sache, the cause, kleingemacht worden ist, von, sagen wir es mit H. A. milde, den Verhältnissen, die nie so sind.

Vom Buchdeckel blickt mir ein Selbstverständnis entgegen, das sagt: ich-bin-die-ich-bin. Allerdings weit entfernt von einem Auserwähltheitsraunen und ohne jeden biografischen Flor. Wir haben es mit einem Kopf zu tun, der die zeitgenössische Praxis gedacht und artikuliert hat: die Vita activa als Gesamtausdruck. Was vierzig Jahre später vom Cover der Magazine gleisst, ist etwas anderes, etwas unbeschreiblich Weibliches, genannt Jobprofil. Das sieht aus, als sei es von Hackern aus Wallstreet und Silicon Valley entführt und mit einem Erfolgsvirus infiziert worden, so dass es nicht aufhört zu lächeln. Himmelfahrtsblick mit Kommando, stacheldrahtmässig getuscht, zur Sicherung der Corporate Identity. Hannah Arendts Lachen hat eine andere Richtung und eine andere Dimension: «Ich hab halt einfach gemacht, was ich machen wollte.» Ein Affront für das, was wir nun an Frau haben, auf dem Hochglanz der Wirtschaft, welches dank Persönlichkeitspolitur in den Zenit der Ansprechpartnerschaft führt – Effizienz, Intelligenz, soziale Kompetenz inklusive. Verstanden? Wir verstehen es auch nicht.

Wie betäubt starre ich am Ende eines Jahrtausends auf die Barbieverpuppung der Frauenzukunft. Der Kopf ist bereits fusioniert. Von einem Gesicht spricht man nicht, es gäbe denn eins zu verlieren. Das Antlitz der Frau im Spätkapitalismus – ein Overkill an Weiblichkeit. Dazwischen das Patriarchat und sein Machtmonopol. Die eine, die Intellektuelle, verweigert es, die andere, die Topmanagerin, reproduziert es. «Es sieht nicht gut aus, wenn eine Frau Befehle erteilt», sagt das erste Gesicht zum zweiten. Als sei dieses Statement als Bildlegende vorausgedacht. Frauenpower? So ein Gesicht hat der Feminismus nie gehabt. Pragmatikerinnen der Bewegung haben zwar die Machtfrage im Mund geführt, um sich dann selbständig zu machen, die eigene Partei, die eigene Zeitschrift oder die eigene Firma zu gründen. Die feministische Intellektuelle ist nun Selfmadewoman geworden. Der Gang durch die Institutionen ist die Pendenz der Women's Lib geblieben. Der neomarxistische Widerspruch (Frauenfrage) tritt an Ort, und es hilft ihm nicht, dass die APO und ihre Ideologen ihn zum Nebenwiderspruch erklärten.

Ein Vierteljahrhundert nach Arendts Tod blickt man um sich. Auf den Lehrstühlen herrscht die alte Ordnung, zwei bis fünf Prozent Frauenanteil, und der sitzt nicht dort, wo man die Arendt-Gefolgschaft vermutet. Und die Frauen, die in der Welt sind und handeln (Vita activa), dienen in klassischen Frauenberufen und ohne das geringste Image. Von einem Foto zum andern vollzieht sich die Entpolitisierung der Gesellschaft im freien Westen. Intellektualität wird durch Qualifikation ersetzt. So lässt sich die geschulte Frau von nun an als Fachkraft einsetzen, die es bis ins – horribile dictu – erste Glied schafft. Das wird nichts ändern an ihrer Teilaufgabe: das Gewinde für die Rendite zu sein. Als Pars pro toto darf sie im Medienauftritt strahlen. H. A.: «Es gibt bestimmte Beschäftigungen, die Frauen nicht stehen.» Ein Satz, der die Altfeministin schmerzt. Er klingt wie Hohn und ist nur Weitsicht gewesen, Voraussicht des westlichen Konstrukts Weiblichkeit.

Sie kommt der Altfeministin nun wie eine Seherin vor, aus sagenhafter Zeit im Osten oder Süden, wo man Frauenbilder erblickt, die den Rumor eines Matriarchates nähren. Hannah Arendt muss ihre verkappt matriarchale Identität als Mitgift erhalten haben, und damit war nicht der Kinderwagen gemeint. Vermutlich hat die Autorität der «jiddischen Mame» im vaterlosen Elternhaus auf sie gewirkt. Sie muss den orientalischen (semitischen) Geschlechterdualismus eingeatmet haben: die Trennung in eine Frauen- und eine Männerkultur befähigt zu einem Diskurs auf Augenhöhe – es braucht ja nicht unbedingt Zahn um Zahn zu sein. Aus der Autonomie des Geistes, in die sich ihr Denk-Ich begab, kann sie unmittelbar zum Du übergehen. Die Angst der Frauen vor der Macht, gemeint ist die Macht der Institution, beruht darauf, dass diese Macht kein Du sucht. Der Institution, jeder Institution, stand sie zeitlebens befremdet, ja fast belustigt gegenüber. Es ist nicht die Verantwortung, die Akademikerinnen an «Positionen» scheuen, es ist vielmehr das Vakuum der Isolation. Die Institution ist Repräsentation, und sie hat Leitbildfunktion für eine Mehrheit (die sich wie eine Minderheit verhält). Die Institution sagt zuerst und immer Ich. Du sollst keine andern Götter neben mir haben.

Du sagen kann erst das bewusste Ich. Der Dialog wird zum Subjekt des Diskurses. Davon spricht Hannah Arendts lebenslang geführte Korrespondenz. Denn: Weiblichkeit setzt sich in Beziehung, Weiblichkeit ist kommunikativ – das ist die Aleatorik des weiblichen Hirns.

Als Hannah Arendt Anfang der 1950er Jahre Simone de Beauvoirs werdenden Klassiker «Le deuxième sexe» («Das andere Geschlecht») las, hat sie den Kopf geschüttelt. Sie konnte nichts anfangen mit Beauvoirs These. Sie kam aus einer anderen Kultur. Und eine Biografie, die von Flucht und Exil geprägt ist, kann gar nicht wollen, was der klassische Feminismus zuallererst gewollt hat: die Herstellung eines Problembewusstseins für die «Tochter aus bürgerlichem Hause» (Simone de Beauvoir). So war der kleine Unterschied (Alice Schwarzer) für Arendt «eine nicht-sozialisierbare Kategorie». Dass diese zwei bedeutenden Frauen im letzten Jahrhundert nicht zusammenfanden, liegt an der Problemstellung ihrer Situation, und weiter an einem Umstand, den, ich glaube, Ernst Bloch «die Gleichzeitigkeit des Anderen» genannt hat. Für das 21. Jahrhundert würden sie sich finden müssen, denn in diesem Jahrhundert wird die Frauenfrage zu einer globalen Frage, und damit zu einer Frage der Menschenrechte.

«Man wird nicht als Frau geboren, man wird zur Frau gemacht.» Beauvoirs These kehrt sich im Falle Arendt um. Ihre Geschichte erzählt, wie Frau zum Mann gemacht wird. Frau mit Grips, die vor ihrer Zeit steht und sie inspiziert. Frau, die gefordert ist, wie es so schön heisst, ihren Mann zu stellen. «Ich bin nicht besonders freundlich, nicht besonders höflich», sagt sie 1963 im Gespräch mit Günter Gaus. Zu einer Zeit, als das westeuropäische und vor allem das amerikanische Frauenbild beim Backebackekuchen weilt und als sublimste Vision den Vamp oder die Diva gestattet. Eine Garbo oder Dietrich durfte man werden, nicht aber ein frauliches Pendant zu jenem andern grossen Unbequemen, zu Bert Brecht, der auch nicht hat können freundlich sein. Das hat sie wohl beschäftigt, aber nicht belastet. «A male thinker» hat das feministische Dogma sie damals genannt. Dann hätte sie doch eine stattliche Galionsfigur abgeben müssen, zum Beispiel im Wahlkampf der amerikanischen Bürgerrechtsbewegung. Hannah Arendt und Angela Davis gemeinsam in Weltformat, was für eine frauenprächtige Vorstellung! Und dahinter die lodernde US-Minderheit einer Weltmehrheit. Doch zwischen diesen beiden Köpfen lag das Reich der neuenglischen Oberschicht, politisch bis auf die Scheuklappen immun, was die Rassenfrage und die Israelpolitik betraf. Man kann von einer eigentlichen Segregation sprechen, die selbst schwarze Intellektuelle und Professorinnen wie Angela Davis nicht mit der weissen WASP-Intelligenz zusammenbrachte. Es grenzte sich nämlich die afroamerikanische Frauenbewegung mit dem Begriff «womanism» vom weissen Feminismus ab. Der stammt vorwiegend aus dem jüdischen Milieu um Kate Millet, Gloria Steinem, Shulamit Firestone, Mary Daly über Erica Young, Nancy Friday zu Naomi Wolf und war ohne jedes Sensorium für die «Banalität des Bösen». Die Nichtkenntnisnahme muss gegenseitig gewesen sein.

Hannah Arendt, die frühe Geliebte, wird im Exil zur Mutter ohne Kinder, die in Lehre und Forschung den Eros des Denkens lebt. Ihre Beziehungen sind intellektuell geprägt, was nicht heisst, dass sie nicht herzlich sein können.

Man kann sich nicht vorstellen, wie Hannah Arendt, Zigarette im Mundwinkel und Handtasche im Schoss, Germaine Greers Forderung umsetzt, mit einem Lastwagenchauffeur durchzubrennen: der Inbegriff der Emanzipation für eine 68er-Akademikerin der East-Coast-Intelligenz. Schon eher stelle ich mir vor, wie sie zu einem Kerl sagt: nimm doch die Pfeife aus dem Mund, du Hund.

Liebe bedeutet für die Philosophin H. A. in erster Linie verstehen wollen. Auch das Unbegreifliche verstehen wollen. Daher erklärt sich ihre weitherum kritisierte Bereitschaft, Heideggers Denken in den USA auch noch nach dem deutschen Zusammenbruch zu verteidigen. Verstehen wollen fängt zu zweit an, verstehen wollen lebt man zu zweit, wobei die physische Anwesenheit die kleinere Rolle spielt. So ist Arendts Art zu lieben eine grosse flutende Denkbewegung, in Treue und Loyalität über die Trennung hinaus. Sie hat Heidegger zum Entsetzen vieler Kollegen wieder getroffen, 1950 in Deutschland, und dann ab 1967. Schon die erste Leidenschaft für ihren Professor, der sehr kleinbürgerlich verheiratet war, setzt diese überragende Seelengrösse voraus. Sie muss damals in Marburg mit dieser Liebe sehr einsam gewesen sein. Erst viele Jahre später wird der Geliebte zugeben, dass sie die grosse Passion seines Lebens war.

Und das häusliche Einerlei? Sie hat die Männer, mit denen sie lebte, wahrscheinlich so geliebt wie Männer Ehefrauen lieben. Weniger mit erotischer Ausschliesslichkeit als mit sorgender Einschliesslichkeit. Der Erste hiess Günther Stern (Heirat 1929) und wurde später der grosse Günther Anders, den manche für den bedeutendsten Philosophen des späten 20. Jahrhunderts halten. Die Ehe nahm durch die Wirren der Judenverfolgung ein Ende, als Stern aufgrund einer Denunziation fliehen musste.

Es ist eine Zeit, da viele Beziehungen über Korrespondenzen am Leben erhalten werden, und Hannah schreibt auch noch an den geliebten Heidegger, als er in Freiburg lehrt und bereits ein eingeschriebenes Mitglied der NSDAP ist. Später spricht sie in ihren Briefen aus New York fast ausnahmslos mit einem Wir: die Ehe mit Heinrich Blücher wirkt als eine Selbstverständlichkeit, die keiner besonderen Erwähnung bedarf. Beziehungsprobleme scheinen die beiden kaum gekannt zu haben, oder dann finden sie beide nicht erwähnenswert, es sei denn im Krankheitsfall. Das Exil hat viele Paare zum Zusammenhalt befähigt, doch ist Heinrich Blücher keine Katja Mann. Er ist ein Lebenskamerad, ein autonomer Partner, zuerst und vor allem des Gesprächs. Er sei ihr Sokrates gewesen, sozusagen der barfüssige Mündliche, ohne den sie nicht Plato geworden wäre, das ist die Ansicht von Freunden. Ausserdem waren beide vom Aufbruch eines neuen Denkens in einer neuen Welt beseelt und hatten genug zu tun, sich in den USA eine Existenz zu schaffen. (Arendt ist bekannt dafür, dass sie sich niemals beklagt.) Blücher war als Philosoph ein Autodidakt, der eine grosse rhetorische Begabung besass und sich mit Vorlesungen durchbringen konnte. Sie hatten 1940 geheiratet, vier Jahre nach ihrer ersten Begegnung in Paris. Dort verkehrten sie im Umfeld der KPD, der kommunistischen Partei Deutschlands, wo Blücher, der Spartakist, eine eher anarchistische Richtung vertrat, gegen den überhand nehmenden zentralistischen Kurs Stalins.

Sie nannte ihn Stups. Von der Dame, die stets – so wird berichtet – von einer «seltsamen Anonymität» umweht war, muss das ein Innigkeitsbeweis sein. Blüchers Zuwendung war ihr Zuhause, doch ein Zuhause als In-der-Welt-Sein, er anerkennt ihren unerschütterlichen Drang zur Unabhängigkeit, und sie schreibt ihm: «… bei der Liebe der andern, die mich für kalt erklärten, dachte ich immer: habt ihr eine Ahnung, wie gefährlich das für mich wäre. Und als ich Dich dann traf, da hatte ich endlich keine Angst mehr …» Er ist der Seismograf, der das erschütterte Gelände zwischen ihr und Heidegger ebnet, sodass sie ihm eines Tages eröffnet, dass sie Heidegger in Deutschland aufsuchen wird. Das ist ein Entschluss, der die ganze Arendt zeigt: anzuerkennen, was gewesen ist, als eine Tatsache, die nicht rückgängig gemacht werden kann, die Liebe ebenso wie das Verbrechen, oder das Liebesverbrechen, das man ihr mit der Beziehung zum politischen Feind unterstellt hat. Sie schickt ihm ihr Hauptwerk «Elemente und Ursprünge totaler Herrschaft» (1951), doch die Widmung schickt sie schliesslich nicht mit. Sie lautet:

Vita activa:
Die Widmung dieses Buches ist ausgespart.
Wie sollte ich es Dir widmen,
dem Vertrauten,
dem ich die Treue gehalten
und nicht gehalten habe,
und beides in Liebe.

Woher besass nun Hannah Arendt diese Fähigkeit zu einer aussergewöhnlichen Empathie, als die wir die Liebe in ihrem Fall bezeichnen können? Sie ist in einem Frauenhaushalt aufgewachsen, der beeinflusst ist von Spuren eines orientalisch-semitischen Matriarchats, in welchem es eine Männer- und eine Frauengesellschaft gibt. Frau und Mann koexistieren, sie rivalisieren nicht. Frauen und Männer bilden ein Kollektiv; die Einzelne ist nicht so wichtig. So lässt sich auch denken, dass die Männer, von denen Arendt zeitlebens umgeben war, für sie wie Freundinnen waren, weil das Geschlecht nicht die Hauptrolle spielt. Das würde erklären, weshalb sie die Männer, «diese ernsten Tiere», nicht allzu wichtig nimmt, schon gar nicht als Mass aller Dinge. Nach dem ersten Rausch in Marburg, wo sie Heidegger kennen lernte, wurden ihre Männer zu den lieben Nächsten, mit denen man sich verbunden fühlt. Das genügt, und davon spricht die Wärme ihrer Korrespondenz, vor allem jene, die sie mit Karl und Gertrud Jaspers führte. Sie ist eine Liebende aus Einsicht, sie weiss, dass die Liebe eine Lebensnotwendigkeit darstellt, vor allem im Exil. Darum ist sie zur Toleranz fähig wie wenige ihrer Denkkollegen.

P. S.: Das Zoon politikon, das nicht politisiert, sondern analysiert, hat keinen festen Wohnsitz. Als Denkerin ist H. A. Realistin, und eine Realistin erlaubt sich keinen «schielenden Blick». Den hat Sigrid Weigel für eine akademische Laufbahn empfohlen. Zweimal war H. A. auf der Flucht: Es ist die Ungewissheit, Ungeschütztheit des Grenzgangs, die den Blick auf die Zustände schärft. Und die Augen? Sie verraten den Feierabend eines universalistischen Weltbildes. Das reichte in der weiblichen Tradition Europas von Sappho zu Hildegard von Bingen, Olympe de Gouges, Madame de Staël, Ricarda Huch, Virginia Woolf, Rosa Luxemburg und vielleicht knapp noch zu einer Simone Weil. Von da an muss das Frauenbild ICH sagen, um sich zu platzieren, und die feministische Vision macht sich auf die Suche nach dem weiblichen Körper, nicht nach dem Geist.

Simone de Beauvoir *Die Philosophin als Verliebte*
Ein briefstellendes Dummerchen?

Die Französin im Turban, die 1947 in New York ankommt, um an Universitäten und Colleges Vorträge zu halten, macht in den Intellektuellen-Kreisen der Ostküste nicht den besten Eindruck. Ihr fällt auf, dass sie als einzige Frau in Whiskey süffelnden Männerclubs sitzt, wo eine Lady ausgelacht wird, sollte sie einen intelligenten Gedankengang äussern. Die Französin, der es nie in den Sinn gekommen wäre, einem Mann die Hemden zu bügeln und Kinder zu gebären, erkennt an den Dinnerpartys bald dieses Los der Amerikanerin aus besten Kreisen, und das Schlimmste ist, dass die Amerikanerin dieses Los aus freien Stücken wählt. Viereinhalb Monate später liegt die Französin im Turban mit einem Mann aus Chicago im Bett und wünscht sich nichts dringender als ihn zu verwöhnen. Sie schlägt ihm sogar vor, ihm dem Haushalt zu machen, und ertappt sich dabei, dass aus den Kosenamen, die aus dieser Entflammung aufflattern wie überrumpelte Schmetterlinge, die Anrede «Mein Mann» fällt, «mon homme», was in ihrem Geschlechterverständnis ein Frevel darstellt: niemals würde sie den Partner zu Hause so nennen, sie, die Begründerin einer neuen feministischen Theorie, deren erste Erkenntnis heisst: Man wird nicht als Frau geboren, man wird zur Frau gemacht. Sie stellt mit Schrecken fest, dass der Wunsch, «mon homme» in jeder Hinsicht zu bedienen, ihr ein ungeahntes Entzücken bereitet. Es muss demnach ein Erdbeben durch die minutiös programmierte und kontrollierte Geisteslandschaft der Simone de Beauvoir gegangen sein. An Sartre hat sie in letzter Zeit kaum gedacht und beschliesst, den Rückflug nach Paris um eine Woche hinauszuschieben; die Stunden mit dem Mann aus Chicago sind zu kostbar. Sie ist 39 Jahre alt und er, so wird sie später sagen, «die einzig wirklich leidenschaftliche Liebe meines Lebens». Nelson Algren hat ihr den Hinterhof, wenn nicht den Arsch Amerikas gezeigt, sogar den elektrischen Stuhl, der nicht auf ihrer Sight-Seeing-Liste stand. Er ist der attraktive Junge vom harten Pflaster, der ins Gefängnis kommt, weil er eine Schreibmaschine klaut. Die rasche, nervöse Intellektuelle verfällt dem schlaksigen, schüchternen Yankee-Dichter, der sich eben daran macht, zwischen Bohème und Gosse ein nicht unbedeutendes Werk zu verfassen. Er ist entschlossen, ein seriöser Autor zu werden und die in einem fort redende Autorin zu heiraten, denn er weiss noch nichts von einem Pakt, den die Parlierende mit dem berühmtesten Franzosen jener Zeit geschlossen hat: mit Jean-Paul Sartre, dem Begründer des Existentialismus.

In Paris versucht sie ihr altes Leben mit Sartre wieder aufzunehmen, vergeblich. Sie ist von Gedanken und Gefühlen für Algren beherrscht, sinniert in die Tage und Nächte hinein, bringt nichts zustande am Schreibtisch, trinkt zu viel und bricht plötzlich in Tränen aus. Mit der Arbeit am grossen Essay zur Lage der Frau hapert es, noch mehr mit der gewohnten Disziplin und dem Tagesrhythmus, der ein Soll hat: den abendlichen Austausch mit Sartre. Wenn andere Frauen in einer unpassenden, ja verbotenen Liebe ein Ventil finden, das als Alibi ihrer «Untüchtigkeit» dienen mag, so hilft die unpassende Liebe einer Beauvoir nicht auf: Sartre ist erfreut über ihre Passion für einen Amerikaner, der aus dem

Proletariat stammt; eine neue Intensität von Castor, wie er sie nennt, kann dem gemeinsamen Pakt, der demnächst ratifiziert werden sollte, nur nützen. Sartre ist ein Charakter, der seine Liebschaften bündelt und sich ihrer bedient, um ein erotisches Umfeld zu schaffen, das seine geistige Potenz nährt. Er ist der archetypische Erotoman, der sich die Liebe, jede Liebe, jedes weibliche Flattern und jedes Mädchenbein einverleiben und aneignen kann, als das Salz seiner Schöpfung.

Beauvoir aber ist für dieses eine, einzige Mal «ganz Frau»: Sie denkt an den Einen, wenn sie an das Eine denkt, und sie denkt unaufhörlich daran. Dieses verheerende Zerren, Begehren über den Ozean hinweg raubt ihr den Verstand, macht sie traurig und unproduktiv. Simone de Beauvoir, die bis zur Schnödheit aufgeklärte Intellektuelle, fällt tief in den Schoss der Romantik zurück.

Es kommen härtere Tage, die Zeiten sind unstet, doch wird sie allmählich lernen, aus der Spannung zweier unterschiedlicher Lieben eine Kraft, einen Gewinn für ihre Arbeit zu ziehen. Bis dahin gibt es viele Klippen zu umschiffen, familiäre, gesellschaftliche, zunehmend auch politische, denn die Epoche steht am Vorabend des kalten Kriegs, der das politische Engagement des Philosophen-Paares zwischen den Fronten aufreiben und ins Abseits katapultieren wird.

Der dritte in dieser Non-Folie à trois, Nelson Algren, wird zwar seinen besten Roman schreiben, der durch die Verfilmung weltberühmt wird («Der Mann mit dem goldenen Arm»), ihm wird Anerkennung zuteil werden, er wird an literarischer Statur gewinnen, aber er ist kein Sohn eines Ismus, schon gar nicht des lateinischen Rationalismus, der Simone und Sartre zusammenschmiedet, er wird von dieser Spannung aufgerieben, als ein Einzelgänger, der keinen Halt in irgendeiner Society hat, er wird schliesslich an ihr zugrunde gehen. Er, der sich für erfolglos hält, bricht an dem Tag tot zusammen, da er erfährt, dass ihn die amerikanische Akademie für Sprache und Dichtung als Mitglied aufnimmt.

Was tut eine Verliebte, wenn sie nicht arbeiten kann? Sie malt Herzchen auf Serviettenpapier, sie lässt Seelenschmalz in ihr Tagebuch tropfen, sie pflückt Massliebchen, um sie zu befragen, tickt er, tickt er nicht für mich? Jede Handlung, mag sie noch so kindisch sein, hat eine einzige Adresse, das Du.

Das lebt drüben, über dem grossen Wasser, und wird Auge für alle Faits divers einer Verliebten, wird ein transatlantisches Du und schliesslich die Empfangsstation des französischen Discours. Es entstehen die ersten Zeilen eines weltumarmenden Briefwechsels, der unter der fraulichen Sehnsucht, ja, Sehnsucht, ein Stück Zeitgeschichte eröffnet. Die meint für einmal die Person und nicht das Programm. Sie zeigt die Lücken, die Nischen des Programms, das sich eben aufmacht, den sowjetischen Kurs der Revolution gutzuheissen, also dem erkenntnistheoretischen Irrtum aufzusitzen, den auch der lange Marsch eines Mao nicht wettmachen kann. Der Irrtum heisst: Der Mensch wird sich bessern, indem er das Ideal der Gemeinschaft über den Instinkt des Individuums stellt. Das Prinzip lautet: Marx ist höher denn Darwin. Doch könnte das Marx'sche Diktum vom Sein, das das Bewusstsein bestimmt, nicht besser veranschaulicht werden als an der Entwicklung dieses transatlantischen Dreiecks mit ungleichen Schenkeln. Wenn zwei in und von der Gesellschaft leben, kann der Dritte sich im Alleingang nicht behaupten. Wenn zwei in und von der Überzeugung leben, dass die Gesellschaft zu verändern sei, kann der Dritte ohne Ideologie nicht Schritt halten. Die künstlerische Existenz, deren höchstes Credo die Freiheit ist, hat kein Ziel, das ihr Rückhalt sein könnte.

In Beauvoirs herzzerreissenden Briefen an ihn, den lonely wolf, zeigt sich selbst noch in Aufwallung und Gestammel nichts so sehr als der Widerspruch zwischen Theorie und Praxis. Je mehr sie ihre bedingungslose Liebe zu Algren beteuert, desto mehr wird deren Bedingtheit sichtbar: dass sie eine Intellektuelle ist, die von einer Idee, einem Ideal lebt, und sei es in der Dissidenz. Dass der Kern dieser Dissidenz ein philosophisches Konzept enthält, das auf einen Namen hört: Jean-Paul Sartre. Die Verliebte zeigt uns den berühmten Widerspruch, den keine marxistische Lehre hat lösen können, die Liebende deutet umso heftiger auf ihn, als ihn die Denkerin verbirgt.

Und so wäre das Werk Beauvoirs ärmer, wäre ihr dieser Chicago-Junge nicht untergekommen, wohl um das entscheidende Gran ärmer: um die Menschlichkeit unzensurierter Gefühle.

Also: Narreteien und kostbare Intimität. Himmelhoch jauchzend, zu Tode betrübt. Verzückung, Herzklopfen und Bangen. Und immer wieder die Seligkeit in den Armen des Mannes, der ihr Hingabe und Verschmelzung ermöglicht hat. Das weiss dann Barbara Sichtermann, weshalb das nicht in jedem Frauenleben geschieht und im Falle von Beauvoir nur mit diesem einen Mann möglich wird. Darüber gehen siebzehn Jahre ins Land, erlitten, ersehnt in dreihundertundvier Episteln, Ergüssen, siebzehn Jahre und ein einziges Bekenntnis, im Komparativ und Superlativ. Die Korrespondenz von 1947 bis 1964 führt uns zunächst und für lange eine sterblich Verliebte vor, dann eine treu liebende Frau, die dem Geliebten noch und noch zu erklären sucht, weshalb ein Zusammenleben nicht möglich ist, und ihn anfleht, sie zu verstehen, ein Flehen, das auf amerikanisch (englisch) umso rührender wirkt. Und schliesslich eine im besten Wollen Gekränkte, die den Widerruf ihrer Liebe durch Algren als Unverständnis, mehr noch als Entstellung eines unauflöslichen Bundes erfährt. Einmal nimmt sie Nelsons Ring vom Finger, mit dem sie begraben werden will, und entdeckt die blasse, wund wirkende Haut darunter. «Liebe ist etwas Ungesundes», schreibt sie dann ihrem Herzensmann, in einer Mischung von Schmerz und Auflehnung. Simone de Beauvoir hat mit dem Chicago-Jungen amerikanisch gesprochen, oder das Idiom, das sie für Amerikanisch hielt. Und man kennt den Charme des Fehlerhaften, das seine Wirkung bei Nichtfranzosen selten verfehlt, so auch nicht bei Algren. Allerdings hat Beauvoir dieses Idiom fliessend gesprochen, als sie in die USA kam, ohne ausreichende Sprachkenntnisse hätte die bis zur Pedanterie Pflichtbewusste Einladungen zu Vorträgen nicht angenommen. So ist die Einfalt gegeben, die den Verliebten eigen ist, auch dann, wenn sie Lehrstuhlinhaberinnen sind, und mit summa cum laude promoviert haben. Sie ist authentisch und keineswegs auf ein mangelhaftes Englisch zurückzuführen. Die Seligkeit ist typisch und äussert sich in einer geistesabwesenden Tapsigkeit, oft auch in einer Zerstreutheit, geradezu Weltverlorenheit, welche die Umgebung zur Verzweiflung treibt. Die Umgebung der Verliebten ist immer verständnislos, sie ist schrecklich. Weil die Umgebung nie verliebt genug ist, um diese Einfalt des Geistes nachzuvollziehen, welche die Verliebten befällt.

Also schreibt sie Briefe, das ist ihre Form der Zweisamkeit übers grosse Wasser hinweg, ihr Hort und Trost, wenn das Arbeitsleben nicht läuft. «Nelson, mein Liebster, Wissen Sie, ich habe mich in Ihren Namen verliebt, als ich ihn am Schluss Ihrer lieben, geliebten Briefe in Ihrer Handschrift sah, – ich habe beschlossen, diesen Namen zu benutzen: ein reizender Name für einen reizenden Mann. In einer Hinsicht ist es für mich ausgezeichnet, auf englisch zu schreiben: ich kann keine schlechte Literatur produzieren. Ich kann überhaupt keine Literatur produzieren, nur gerade sagen, ich liebe Sie, liebe Sie … Für immer Ihre Simone.»

Wer zwischen den Zeilen liest, erkennt dort die Wahrheit, ihre Wahrheit, die für beide frustrierend wird, für den all american Boy, weil er nicht versteht, dass sie nicht sofort in seine Arme eilt, um mit ihm ein ungebundenes Schriftstellerleben zu führen. Und ihre Liebesbeteuerungen schliesslich als Betrug empfindet, sodass seine Verwandten die Veröffentlichung seiner Briefe auch nach Simones Tode nicht autorisieren. Und für die Gefährtin, die ihr Lebensprojekt namens Sartre nicht aufgeben mag, weil das alles vereinbaren könnte, ihre Liebe zu Nelson und Sartres Liebe zu Dolores und Wanda und Michelle und Olga und alle noch kommenden Liebschaften, weshalb also sollte sie Sartre aufgeben, wenn er Nelson und alle Nelsons willkommen heisst in ihrem gemeinsamen Lebenskonzept? (Sartre habe Castors Geliebten in Paris zuvorkommend empfangen, heisst es in der Biografie von Deirdre Bair.) Noch ein Argument zählt für sie, das sie Nelson aus Takt verschweigt, er könnte sich dadurch als zweitrangig empfinden, und das will Simone um jeden Preis vermeiden. Das Argument lautet: einen Sartre verlässt man nicht. Und das meint nicht bloss die erotische Anziehung der Bedeutung, die ein berühmter Mann hat, da ist auch ein unterdrücktes Muttergefühl für den äusserlich Unbeholfenen mit seiner frühen Entbehrung, die er in Mutterwitz taucht. «Er ist, abgesehen davon, dass er genial begabt ist, ein guter Mann, ein herzensguter Mann», schreibt sie an Nelson nach der gemeinsamen Reise nach Mexiko und Guatemala. Der Abschied stockt in ihren Adern, er treibt sie in die Düsternis: «Wieder einmal fuhr das Taxi davon, und ich sah Ihr Gesicht zum letztenmal, und etwas später hörte ich Ihre Stimme zum letztenmal, und mein Herz war voller Kummer, aber die Ohren voller Liebe (ach Liebling, Liebling, Geliebter, es fällt sehr schwer, das Schreiben).»

Mrs Gerassi, eine Freundin von Sartre und Beauvoir, die Simone und Nelson in New York bewirtet, gibt ihrer Sorge um die Zukunft des Paars aller Paare Ausdruck: «Es war offensichtlich, dass er (Algren) sie liebte, er war in ihrer Gegenwart einfach goldig. Er wirkte schüchtern und unsicher, spielte aber den Hartgesottenen. Das konnte nicht darüber hinwegtäuschen, dass er sie vergötterte. (...) Castor, na ja, sie war so, wie sie immer war. Aber mit Sartre zusammen habe ich sie nie so erlebt wie mit Algren. Ich kriegte richtig Angst, als ich die beiden zusammen sah, denn ich dachte: was wird geschehen, was wird aus ihr und Sartre? Wird ein amerikanischer Mann, ein Macho wie Algren, jemals akzeptieren können, dass sie kommt und geht und doch zu Sartre gehört?»

Er wird es nicht. Er wird später finster über sie reden. Es wird zum Bruch kommen. Simone de Beauvoir liebt zwei Männer, und das sind zwei Kontinente, auch wenn die Öffentlichkeit das anders sehen mag. Sie kommt gar nicht auf jenen Gedanken, den Nelson nicht verdrängen kann: dass er für sie nicht wesentlich genug sei. Doch die Stimme des Herzens, die zu ihm spricht, kennt keine Hierarchie. Das ist für eine Gesellschaft, die wie die amerikanische zuerst und vor allem auf den Wettbewerb hört, unverständlich, und Nelson lebt schwer und schwerer mit dieser treu liebenden Botin. So ist es immer die Frau, die die Initiative ergreift, die sich plötzlich entschliesst, zu ihm zu fliegen, die Frau spart den letzten Sou für die gemeinsame Reise, die Frau ist es, die den Schritt übers grosse Wasser tut und ihn bittet, ihr Land, ihr Paris kennen zu lernen. Simone sorgt für die Intimität in ihrem Liebesnest von Chicago oder irgendwo, sie weiss, das ist Manna, das wird sie für lange Zeit nähren, eine Woche wird Jahre aufwiegen, in der köstlichen Intensität mit ihm. Danach schreibt sie ihm aus Paris:

«Nelson, ich werde das alles eines Tages erklären müssen, Sie sollen wissen, dass ich nicht zum Spass oder um des Prestiges willen oder wegen irgend etwas in der Art bleibe. Ich muss bleiben. Ich kann nicht anders. Glauben Sie mir, ach wenn es irgendeine Möglichkeit gäbe, bei Ihnen zu bleiben. Ach Gott, ich täte es. Das Glück, das Sie mir geschenkt haben, mag um den Preis von Schmerz und Leid erkauft worden sein; es hat sich gelohnt.» Und zwei Tage darauf: «Sollten Sie mich eines Tages nicht mehr sehen wollen, werde ich mich fügen müssen. Nur hoffe ich, Sie werden mich noch eine ganze Weile lieben, denn ich liebe Sie mehr als je, mehr als ich je geliebt habe. Ach Nelson, wie sehr ich Sie liebe!»

Einen Sartre verlässt man nicht. Einen Voltaire verhaftet man nicht, wird de Gaulle Jahre später verlauten lassen, als Sartre sich an der Mairevolte aktiv beteiligt, und damit wird de Gaulle Format beweisen, indem er das Wesentliche über diesen kleinen grossen Mann sagt, der sein Gegner ist. Und sie ist die Hälfte dieser

Wesentlichkeit, vielleicht mehr als die Hälfte, was der General der Konservativen nicht sagt, was niemand sagt, ausser später Alice Schwarzer, Feminismus sei Dank. Und was alle wissen, aber nicht sagen: Die eine Hälfte braucht die andere, wenn sie jenseits der Norm existiert. Also heisst es für Simone, die Liebende, weiter und weiter Briefe schreiben, bis man den Mann des Herzens wieder für ein paar Wochen umarmen kann, in einer schäbigen Wohnung an der Wabansia Street, wo es kein Badezimmer gibt. Eine Wohnung für nichts als die Liebe gemacht, und für das Schreiben allein und das Reden über das Schreiben zu zweit. Einmal machen sie dann diese Reise nach Mexiko und Guatemala, von der eine Fotoseligkeit berichtet. Sie hat sich detailliert darauf vorbereitet und lässt sich von einem New Yorker Gynäkologen ein Diaphragma einsetzen, «damit wir nicht plötzlich ein Kind am Hals haben». Sie ist ausgelassen wie nie. Die Dame aus dem französischen Landadel, die mit ihrem Bettpartner per Sie ist, spricht auf einmal vom Vögeln, nennt sich den Frosch und den Geliebten ihr Krokodil. Der Angebetete erkennt spät, aber endgültig, dass im Falle der Simone de Beauvoir Leben und Lieben getrennte, aber parallele Wege gehen. Und wird sie bestrafen mit der öffentlichen Verfemung ihrer Amour fou.

Noch sind wir nicht so weit. Also daheim in Paris von der Liebesversehrung schreiben, von dem, was er in ihr angerichtet hat, ohne literarischen Anspruch, ohne die geringste Pose, egal, wovon der Brief handelt, er ist die Möglichkeit, bei ihm zu sein. So liest man nicht ohne Prickeln, was die sexuelle Erfüllung aus dieser überaus bewussten Intellektuellen macht: ein spätes Mädchen, das in seiner Kammer mit klammen Schriftzügen nach dem Geliebten fiebert, um die Haltlosigkeit des eigenen Zustandes auf irgendeine

Weise zu bannen. «Ich war einmal eine kluge Frau», schreibt sie, «zumindest behauptet man das, Sie sehen, wie sehr ich Sie lieben muss, um so töricht zu werden.» Sie trägt kaum Schmuck, aber von seinem Ring ist sie nicht zu trennen. Ein Pfand für die Eheketzerin, die ihn «meinen geliebten, nicht geehelichten Ehemann» nennt: «Nie könnte ich jetzt mit einem andern Mann schlafen», schreibt sie einmal, als sie ihm nebenbei die kleine Affäre mit Arthur Köstler im Vorjahr gesteht, der sie zugleich anzog und abstiess, und der sich dann als erklärter Antikommunist in einem Disput bei Tisch von ihr und Sartre für immer trennte. Es ist nicht Täuschung oder Doppelspiel, sondern Sensorium und wohl auch Strategie, wenn sie Sartre den platonischen Part in ihrer Dreierschaft zuweist, um Algren zu schonen. Die intensivste Nähe hat sie, ausser mit ihm, seit jeher zu Frauen gehabt, und weniger zu «diesem schielenden Gnom» (Algren über Sartre), obschon ihre Frauenfreundschaften erotischer, aber nicht sexueller Natur waren, wie das Gerücht ging. Sie wird von Lesbierinnen verehrt, und die Schriftstellerin Violette Leduc heftet sich an ihre Fersen. In den späten Jahren ist sie am engsten mit ihrer Adoptivtochter Sylvie Le Bon verbunden. Sartres Wirkung auf die Frauen ging vom Kopf aus, von diesem listig-lustigen Schädel und seiner Verlängerung, bestehend aus charmanter Umständlichkeit; für diesen Kopf und seine Verlängerung hat Simone de Beauvoir auf weite Strecken ein Leben in Selbstverleugnung hingenommen. Dass sie unter Sartres Affären gelitten hat, weil er sie dauernd ins Haus brachte, ihr zur Bewunderung und Bejahung vorsetzte wie dem Hund einen fetten Knochen, ist biografisch belegt. Für sie gab es nur Einen, ausser Sartre, mit Männern war sie befreundet und wenn sie auch ab und zu mit ihnen ins Bett stieg, hatte das wenig

Bedeutung. Doch diesen Einen muss sie immer wieder von neuem überzeugen, von ihrem Drang nach ihm. «Mein liebster geliebter Nelson, ich könnte vor Zärtlichkeit weinen, wie ich es wegen der weissen Bluse getan habe, ich liebe Sie, ich bin glücklich, dass Sie sagen, es sei eine gute Liebe, es ist bestimmt eine gute Liebe, Sie müssen es wissen. Zunächst einmal bin ich froh, dass Ihr Brief so lang ist, dann kann ich ihn eine ganze Woche lesen, bevor ich ihn auswendig kann.»

Einmal atmet sie brieflich auf, als Algren bestätigt, dass die getrennte Lebensbahn kein Manko an Liebe bedeuten müsse, sondern im Gegenteil dadurch die Anziehung noch stärker mache, und dauerhafter. «Mein Krokodil», «meine Ratte», «mein Biest» nennt sie ihn in unerschöpflicher Innigkeit und schreibt ihm auch dann noch, als er sich von ihr abgewendet hat, weil sie ihre gemeinsame Geschichte verarbeitet (in «Les Mandarins», 1954; deutsch: «Die Mandarins von Paris»). Alles hätte er mit ihr teilen wollen, bloss nicht das Leitmotiv des führenden Paares der französischen Linksintelligenz: das Private ist öffentlich.

Die Zugluft des Pariser Kultursnobismus weht manchmal durch diese Korrespondenz, wenn da so rasch gewusst wird, was gut und was schlecht ist: Gut ist das Tagebuch von Kafka und schlecht ein Roman von Carson McCullers, gut die Essays von Truman Capote, während Hemingways Afrika-Buch sein schlechtestes Buch ist. Mies sind ausserdem die Henri-Miller-Romane, «deren Bettgeschichten einen anöden, wenn man sie nicht selber erlebt». Eine kleine Naivität und eine grosse Selbstgerechtigkeit stecken in Simones Urteil, aber die Lauterkeit ihrer brieflichen Hingabe straft alle bösen Zungen Lüge, die über sie gerichtet haben. Es ist nicht ohne Brisanz, dass das Orakel, das sie wegen der Geschichte mit Algren aufsucht, keine intellektuelle Koryphäe ist, weder Leiris noch Camus, weder Merleau Ponty noch Bost heisst, weder André Gorz noch Colette, die sie für die einzig bedeutende französische Schriftstellerin des Jahrzehnts hält, sondern ein Mann namens Alberto Giacometti, ein noch unbekannter Künstler, aber ein Künstler durch und durch. Die Instanz für die Entschlüsse des Herzens ist für Beauvoir, die als berechnend, ja grausam Gegeisselte, weder die Politik noch die Philosophie; es ist die Kunst.

«Nelson, mein süsser Geliebter, ich hasse es, einen Brief zu beenden, es ist wie ein Abschied, plötzlich fühlt man, dass man nichts von dem gesagt hat, was das Herz so wärmte. Worte sind nutzlos, ich möchte meine Lippen, meine Hände benutzen, um Sie zu küssen, Sie zu umarmen, meinen ganzen Körper, um Ihren Körper zu fühlen, Ihre Wärme, Ihre Liebe, und Ihnen meine zu geben.»

Für den Frosch (Simone) sind Krokodil (Nelson) und Schicksal eins, heisst es in einem Brief. Aus der Abwesenheit seiner Antworten tritt der attraktive Mann umso deutlicher hervor, er ist in all den beschwörenden Zeilen zu fassen, als Gestalt. Auf den Fotos blickt eine strahlende, um Jahre verjüngte Eleganz zu ihm auf, als sei er der Himmel über ihr, ein Firmament zum Anfassen und Umarmen. In Paris und anderswo hält sie sich an seiner Lektüre, seiner Prosa, seinem Urteil fest, sie denkt fast nur noch auf Amerikanisch, sie will jede Zeile kennen, die er schreibt und liest, sie tauschen Lektüren und Buchempfehlungen aus, sie führen ein Autorengespräch über den Ozean hinweg. Und sie liefert auch Sartres Denken nach Amerika, seine philosophischen Einschätzungen und seine Ansichten über amerikanische Romane und Stücke, die

Nelson oft kraftvoll quittiert. Doch die politische Gefährdung, die sie und Sartre sich durch radikale Stellungnahmen im Paris der 1950er Jahre einhandeln, checkt der Chicago-Junge nicht. Im Umfeld der Zeitschrift «Les Temps modernes», die Sartre und Beauvoir herausgeben, steht die Wahl zwischen den Gaullisten und den Kommunisten zur Debatte, und Sartre und Beauvoir haben im Radio einen dritten Weg vorgeschlagen, der ihnen von allen Seiten Kritik und Schmähungen einträgt. Selbst in dieser für sie schmerzhaften Zeit und den politischen Wirren, die ihr Privatleben bedrohen, fährt sie fort, an Nelson zu schreiben, und man wundert sich nicht, dass sie ihm nichts als ihre Liebe mitteilt: «Liebster, ich liebe Sie, ich vermisse Sie und liebe Sie und bin Ihre Frau, wie Sie mein Mann sind, ich werde in Ihren Armen einschlafen, mein Geliebter. Ich küsse Sie immerzu. Lächeln Sie mir zu, küssen Sie mich, ich liebe Sie, ich liebe Sie mehr denn je.»

Man weiss, dass der Liebesbrief keinen Inhalt hat, der Liebesbrief ist Inhalt. Und jetzt geht es an die Substanz einer Liebe, die sie im fernen Paris mit allen Zeilen herbeifleht.

Das hat die souveräne Denkerin und emanzipierte Literatin noch nie erlebt, obschon sie in dieser Herzenspartie die Robustere ist: Abhängigkeit vom eigenen Körper und seinem Bedürfnis, Abhängigkeit von einem fernen Mann, der sie trotz des jauchzenden Jas der Ohnmacht ausliefert: Was bisher Subjekt war, wird nun Objekt, wenn auch in eigener Regie. Und so nehmen die brieflichen Beschwörungen possierliche Formen an, als müsse die Ohnmacht eingebunden werden in eine Nomenklatur, damit eine zu managende Häuslichkeit entstehe in diesem Universum, das sie verbindet und trennt.

Dass sie praktisch ersehnt, was sie theoretisch verflucht, führt die Denkerin in die Selbstanalyse. Sie denkt nun systematisch über den Zustand der Geschlechter nach. Sie erkennt, dass sie in der Sprache der Männer denkt, dass sie in der Grammatik des Patriarchats spricht und schreibt und von dieser Grammatik Abschied nehmen will, aber wie? Schon länger plant sie ein Buch über die Lage der Frauen und macht in Amerika zahlreiche Interviews, aber es geht nicht vorwärts, sie ist von Algren verhext. Bisher hat sie die Geschlechterbeziehung persönlich als problemlos empfunden, hat sich selber für gleichberechtigt gehalten. Nun beginnt sie zu vergleichen, zum Beispiel Sartres emsige Produktivität, die sich von den Nächsten bedienen lässt, mit der Wenigkeit ihrer eigenen Hervorbringungen. («Ich kann nicht von mir sprechen, ohne von ihm zu sprechen.») Ihre Lähmung bewirkt eine depressive Stimmung, denn sie erkennt die Unentrinnbarkeit ihrer Lage, die Unmöglichkeit einer Zukunft zu dritt. Algren ist nicht aus dem Holz, das für Sartres Konzept zurechtgestutzt werden kann. Und sie ist an Frankreich und seine Kultur gebunden, obschon ihr Algren einflüstert, sie würde unter seinen Fittichen mit Leichtigkeit eine amerikanische Schriftstellerin sein. Nein, sie ist nicht frei, wie sie alle die Jahre gedacht hat. Und sie ist nicht frei, weil sie eine Frau ist. Wäre sie ein Mann, sie würde sich der Frauen bedienen, wie Sartre, in diesem Fall ist sie die Dienende, die alle Energien verausgabt, und wofür? Für ihre Männer. Nein, die Gleichberechtigung ist ein Mythos, schreibt sie zu Algrens Beunruhigung «über dieses ganze Zeug von der Gleichberechtigung zwischen den Geschlechtern». Aber sie wäre nicht Simone de Beauvoir, wenn sie nun nicht beschliessen würde, sich selbst fortan eisern in die Pflicht zu nehmen, um dieses Buch endlich zu starten, das sie schon lange ausbrütet. Die Erkenntnis, in dieser Frage mutterseelenallein zu sein, ist die Quelle. Sie fördert das Schlüsselwerk der neuen Frauenbewegung zutage: «Le deuxième sexe (1949)/Das andere Geschlecht (1951)». Die Quelle erweist sich als Rinnsal, als der Anfang eines zähen Flusses. Denn die Umkehrung der gelernten Methode ist weitaus vertrackter als gedacht. Für Simone de Beauvoirs unbestechlichen, aber spröden Geist gibt es keine metaphorischen Flausen, keine allmähliche Verfertigung des Gedankens beim Schreiben (im Unterschied zum Reden), keine Ausflucht in das so schmiegsame Verfahren, das da heisst, «der Weg ist das Ziel», und immer ein gut Teil Spekulation ist. Sie ist zuerst und vor allem, Alice Schwarzer verzeih, die Meisterschülerin einer täglich durchgepaukten politphilosophischen und literarischen Dialektik. Ich behaupte also gegen die erhobene Faust des Feminismus, ihre eigentliche Leistung sei das Produkt der Stunde und der Situation gewesen. Denn sie ist das Kind der Lehre, nicht das Kind der Forschung. Eine Simone de Beauvoir lässt sich ohne Sartre durchaus als Erzählerin, Publizistin, Biografin und Memoirenverfasserin denken, auch noch als anwendende Kultursoziologin und Herausgeberin, nicht aber als Verfasserin von «Das andere Geschlecht». Ihr Hauptwerk verdankt sich, gegen jedes Lippenbekenntnis, der Abhängigkeit von ihren Männern. Es ist nicht nobel, aber erhellend, die Flachheit, ja Dürftigkeit ihres letzten Werks, «Les Céremonies des adieux» (1981; deutsch: «Zeremonie des Abschieds», 1983) dafür anzuführen. Diesem Werk fehlt ihr bester Kritiker, ein Kritiker, der die Ungebundenheit, heute würde man sagen, die Unverfrorenheit besass, den Nobelpreis auszuschlagen. Diese Eigenschaften besass sie nicht im genügenden Masse, um als Denkerin autonom zu sein.

«Liebster, es ist lange her, seit ich einen Brief bekam, doch ich habe ein bisschen über Sie erfahren, in einem sehr guten Artikel in The Nation vom Autor des Dr. Strangelove, dessen Name ich vergessen habe (...). Ich werde im Mai sicher in die Vereinigten Staaten kommen und Sie finden, wo immer Sie sich verstecken. Wie eh und je mit viel Liebe, ganz Ihre Simone.»

Das ist der letzte Brief an Algren, und er, der ewig Brotlose, verbrennt nicht die herzzerreissenden Angebinde seiner ewigen Braut, nein, er verhökert sie, und so werden sie schliesslich an einer Auktion von der Ohio State University of Columbus erworben. Er zeigt Ermüdungserscheinungen, der Brief, da die Beschwörungen schon lange ins Leere fallen. Doch ist auch er Zeugnis von Simones unbeirrbarer Liebe zu ihrem Chicago-Jungen, der unterdessen ein gut gekleideter Interviewpartner von New Yorker Starkritikern geworden ist. Der Roman «Les Mandarins», von dem sie ahnte, dass er ein Erfolg werden würde, trug die Widmung «Für Nelson Algren». Er hat dann auch den Prix Goncourt, die höchste literarische Auszeichnung Frankreichs, eingeheimst. Sie hat in der Ohnmacht der Trennung von Algren die Stimme des Herzens in den Roman fliessen lassen, und die Stimme des Herzens schreibt gut.

Nach ihrem Tode 1986 hat Sylvie Le Bon, die Adoptivtochter, Nelson Algrens Briefe an Simone de Beauvoir säuberlich geordnet in der Nähe ihres Kopfkissens gefunden.

Martin Walser *und das sterbende Tier*
Vom Reden der Wörter und vom Schweigen ihres Autors

Wie soll man einem Schriftsteller begegnen, den man dreissig Jahre rückhaltlos las, jedes Buch ladenfrisch, so wie man sich der ersten Frühlingssonne rückhaltlos aussetzt, ohne die Bedenken einer inneren Instanz. Weil das Ozon dieser Lektüre fit macht, nicht schlapp, da es das Schreibglück eines Schriftstellers mitteilt, der immer kann. Mitteilt? Zu fade als Ausdruck für einen, dessen Romane vor Können sprühen, geradezu verpulvern kann der sein Talent, dachte ich manchmal beim Lesen, dabei einer, der mit Erstklass-Fiction Riesenauflagen macht, 250 000 Exemplare pro Buch allein in Deutschland; das macht ihm keiner nach, nicht einmal der Nobelpreisträger, dessen landesfüllende Nähe er erträgt ohne Beleidigtheit, weil er tief innen weiss, auch ihn hätte es treffen können. Er ist von den zweien der Skrupulösere, der Skeptiker, das kann man schon in seinem Aufsatz «Unser Auschwitz» von 1965 nachlesen, er hat nie anders gedacht, als er jetzt denkt, und hätte nicht, wie der andere als Sonntagskind mit dieser weltweiten Nobilitierung herumlaufen können. Seine Generation hat mit der Wahrheitsfindung im eigenen Land noch genug zu tun, sie ist mit sich selber nie fertig geworden. Moralkeule hin oder her: das Wort schwebt im Raum. Noli me tangere.

Wir sitzen in einer Bibliothek, die von Umberto Eco erfunden sein könnte, auf dem herrschaftlichen Anwesen Bibermühle am

Rhein bei Hemishofen, eine Region, die von der unheilbaren deutschen Geschichte verseucht worden ist, mancher, der hier vor sechzig Jahren über den Fluss schwamm, erreichte das Schweizer Ufer nicht oder wurde von dort zurückgeschickt. Unser Gastgeber heisst Heribert Tenschert, Antiquar von Beruf, Connaisseur und Sammler von typografisch-literarischen Kostbarkeiten, wir werden noch darauf kommen, denn eine seiner Trouvaillen speist Walsers jüngsten Roman. Wir befinden uns in einer kulturellen Enklave inmitten der natur- und kunstgrünen Landschaftszone. In der Remise, einem graziös restaurierten Fachwerkbau, steckt ein Stück höfische Kultur. Den Wänden entlang ein Bücherschatz, der bis auf eine Cicero-Originalhandschrift zurückgeht. In der Feierlichkeit des Raums ballt sich das Gespräch zusammen, wir sind beide auf der Hut. Bloss keine falsche Wendung vor einem Autor, der jedes Wort in mehreren Anläufen auf die Tauglichkeit prüft. Es ist das Sagensmögliche, nach dem er ein Leben lang sucht.

Das Firmament teilt sein unverbrüchliches Blau durch die Fenster mit, es ist auch die Symbolfarbe des neuen Romans: es ist die Farbe des Hemdes des Helden und seiner Naivität. Es ist die Farbe der Augen der Heldin, die so ist, wie sie heisst, und noch ein bisschen mehr: Beate Gutbrod, der patente Allesverstand, ein «überschüssiges Mädchen» mit «wie von Wehen gewölbten Lippen», dabei eine intellektuelle Herausforderung, die nicht um die derzeitige Schuhmode herumkommt und das Rokoko, das Zeitalter Julien Offray de la Mettries – der das Movens dieses Romans sei, sagt Walser –, an den Füssen verankert. Füsse übrigens, auf die sie stolz ist. Und zwischen ihr und dem zaudernden Helden das Blau des Sagens vom Himmel herunter. Und ganz up to date in der wissenschaftlichen Eigentlichkeit, die Held und Heldin nach der ersten Begegnung fernmündlich teilen.

Die ersten zwei Kapitel verschlingt man wie verboten in Fett gebrutzelte Fritten. Bis zur Hälfte und noch darüber hinaus ist dieser Roman ein Walser-Frühling. Ob es sich um den zweiten, dritten oder xten handelt: wer kann das wissen. Wers wissen will, bringt ihn in Rage, die Frage wird als «Bildzeitungsfrage» disqualifiziert. Eine Bildzeitungsfrage ist eine Erkundigung nach einem allfälligen Gerücht, das in der weiblichen Heldin ein lebendes Vorbild sehen könnte. «Dieses Romanprojekt ist zwanzig Jahre alt! Hören Sie, zwanzig Jahre! Alle Materialien zu diesem Buch, ausgenommen La Mettrie, sind zwanzig Jahre alt.»

Später wird er andeuten, oh Verdrängung, du anderer Meister aus Deutschland, dass der Stoff immer aus der Erfahrung kommt, ist ja klar, das weiss jede, die schreibt. Diesmal hat er einen Kronzeugen für das letzte Plädoyer in der Öffentlichkeitsfrage: La Mettrie ist Arzt und ein französischer Philosoph des 18. Jahrhunderts, der den Lebenssinn in der irdischen Glückssuche vollauf erfüllt sieht. Und deshalb aus Frankreich fliehen muss und beim grossen Friedrich zu Preussen Unterschlupf findet. Nun, da es kalt wird in Brandenburg, greift Walser zum letzten Mittel der Selbstverteidigung (die etwas anderes als Rechtfertigung ist). Er lässt seinen Helden sprechen, und sein Held erleidet mit seiner La-Mettrie-Interpretation einen Flop, eine Niederlage, eine Schlappe. Weil der Held nicht daran gedacht hat, dass ein deutscher Referent in den USA mit einer jüdischen Klientel im Auditorium zuerst als Deutscher gehört wird, und dann als Mensch, und dann als La-Mettrie-Interpret. Es wird ihm vorgeworfen, er wolle unter dem Vorwand von La Mettries Philosophie sein Gewissen reinwaschen, als Deutscher.

Aber La Mettrie habe sein Denken, in der, sagen wir, gottfernen Permissivität dem Seitensprung und nicht dem Völkermord gewidmet.

Wow, denken wir, dicke Post. Aber wir greifen vor. Noch sind wir im Deutschland der späten Sechziger des letzten Jahrhunderts, als Martin Walser als Geistesarbeiter seine Laufbahn beginnt, die deutschen Empfindlichkeiten beim Namen zu nennen, und damit nicht aufhören wird, bis er mit der Paulskirchenrede ins Messer läuft.

Das Messer, ein kafkaeskes Motiv im neuen Roman des Autors, der über Kafka promoviert hat, das Messer, das sich Anna, Gattin des Gottlieb Zürn, ins Bett legt, als sie Unheil am Horizont wittert, erschienen in der lichten Gestalt des Gastes aus den USA, Chapel Hill, North Carolina. Und der Plot beginnt, den man böswillig auf folgende Kurzformel bringen könnte: Alter Bock und junge Gärtnerin finden sich in der transatlantischen La-Mettrie-Fusion, worauf der alte Bock, von den Augen der Gattin verfolgt, vorzeitig in den Stall zurücktrottet, den er dann nochmals tüchtig takelt, um der Gattin, die man immer verführen muss, zu ihrem Recht zu verhelfen. Als er sich zu Hause schliesslich entschliesst, seinen Johannistrieb doch noch mal umzusetzen in ein Flugticket, ist es natürlich zu spät.

Die Kurzformel taugt nicht, denn einen reifen Meister der Reflexion und der Formulierungskunst, wie Walser einer ist, muss an diesem Projekt mehr interessiert haben, als ob sein Ding noch düngt. Diese Beate hat es ihm angetan. Eine, die man sofort ins Herz schliesst. Eine Verliebte, die aus Verzweiflung zu stricken anfängt, dabei eine Frau von mündlicher und mundbereiter Fertigkeit, die sie, im Lande Clintons als Liebespflicht verstanden, freundlich appliziert, eigentlich gegen den Wunsch ihres in der Erziehungslandschaft der pietistischen Pfarrer aufgewachsenen Lovers. Am meisten rührt den Helden, diesen «Briefstilisten / ihren german Other / den Dortigen / den Terrassenmenschen» oder wie sie ihn sonst noch nennt, ihre entwaffnende Offenheit, ihre Aufrichtigkeit, die kalte Füsse und Schwitzhände bekommt, im Augenblick der Liebe. She is a sport. Dass ihn dieses «überschüssige Mädchen» redlich liebt, ist doch ein Wunder, und über Wunder argumentiert man nicht, Wunder muss man pflücken, ja. Aber eben: Er und Anna, Anna und Er, basta. Das hört nicht auf mit Anna, ach Anna. Und jede Leserin weiss schon, worauf das hinausläuft, sollte es im letzten Kapitel überhaupt noch irgendwohin laufen. Gottfrieds «Kehre» haben wir in der Eingangsszene auf der Terrasse vorausgeahnt, in dieser still tosenden Ouvertüre, die schon aufs Ende gut Ehe gut hinweist: als die Besucherin eine – man ist versucht zu sagen: hyperpotente – Sonnenblume mitbringt, und sie, unwissentlich, zwischen ein Wohlstandspaar stellt, das einem kunstvoll gedrechselt vorkommt, als sei es in einer Kunsteisenschmiede passend zum Eigenheim hergestellt worden. Die Eingangs- und die Ausgangsszene also wie ein Rondo, markiert oder vielmehr traktiert von dieser Sonnenblume (Prädikat: unglaublich). Sie ist das symbolträchtige Pfand der transatlantischen Peripetie. Als Gottlieb aus den USA nach Hause kommt, steht sie so stramm und strahlend da wie am Anfang.

Read my mind. Rise to the occasion (= entsprechen ist alles). Das ist der Titel des Referates, das Gottlieb Zürn alias Wendelin Krall am La-Mettrie-Kongress in Kalifornien hält, eingeladen von Beate Gutbrod, der Doktorandin über die La-Mettrie-Rezeption in Deutschland, im Anschluss von Dr. Rick Hardy fertig gemacht, daraufhin rhetorisch gerettet von Frau Prof. Dr. Patricia Best: Leserinnen, höret die Frauennamen, höret die Signale dieses Romans! «Nun aber, hören Sie, wenn ich mich jetzt darüber kurzfasse, was der Gottlieb in Kalifornien über das deutsche Gewissen sagt, dann liefere ich bereits wieder den Zitatenquatsch für die Medien.» Man hört: die deutschen Empfindlichkeiten haben sich zugespitzt.

Wie soll man also diese Autorität des Denkens und Schreibens befragen, die man immer noch bewundert, aber nicht mehr versteht? Mein Kannitverstan hat angefangen, als Martin Walser die deutsche Einheit propagierte, unter dem Regiment Kohl. Mit dem ihn nichts, aber auch gar nichts verband, ausser dem Wunsch, dass Deutschland wieder ein im Deutschen vereidigtes Land sei. Warum bloss, wenn doch, wie es in seinem neuesten Opus heisst, das Deutsche eine Sprache sei, die mehr verbiete als erlaube? Solche Fragen prallen heute an ihm ab. Muss man verstehen, was man bewundert?

Die Umstände haben den grossen Autor zu einem trotzigen alten Mann gemacht. Aber was für einen! Wie ein wundervoll geschmeidiges, schon ein wenig gebeugtes Raubtier mit wachsamen Augenschlitzen, denen nichts entgeht, er ist der König der Löwen, er bringt für jeden Verlag den Löwenanteil, dank Walser Martin plus Hesse plus Brecht war Unseld bis zu seinem Tode imstande, diesen nicht unterbutterbaren Stil seines Hauses Suhrkamp zu pflegen. Ein König stirbt nicht, obschon er sterblich ist, das steht ausser Frage, die Sterblichkeit ein raunendes Tabu, einem Autor zu nahe, der mit Siebenundsiebzig um sein Leben schreibt, und jede Frage nach dem Aufhören oder der Erschöpfbarkeit des Stoffes als Affront empfindet. Ich wünschte, er würde sich aus seiner lauernden Position erheben und alles nach aussen kehren und abstreifen, was ihn nach innen zusammenpappt. Ich würde ihn gern sagen hören: Bitte sehr, eine Affäre soll ich gehabt haben? Aber ja, was hält denn die Literatur im Innersten zusammen, wenn nicht Eros und Thanatos? Lesen Sie doch beim alten Geheimrat zu Weimar nach. Aber er sagt nichts dergleichen, als ich vorsichtig anspiele auf die mutmassliche Liebschaft, die den Stoff zu «Der Augenblick der Liebe» geliefert haben soll. Das ist der Moment, da es aus ihm herausbricht, was in den Augenschlitzen raubtierhaft geruht hat, diese masslose Wut, der Ekel auch, vor allem, was ihm die Medienöffentlichkeit in den letzten fünf Jahren aufgehalst, angedichtet, unterstellt hat, und die Besucherin ist froh, dass Walser diesen Zorn aufbringt, den sein Zürn noch immer nicht hat.

Walser, sonst der Anwalt kleinmütiger Helden, die am liebsten in der Selbstherabsetzung grasen, tritt mit diesem Roman an die Rampe, durch sein Medium Julien Offray de la Mettrie. Und macht sich selber zu einer geradezu forschen Autokarikatur, in der Rolle von Dr. Wendelin Krall, im Verlauf eines Vortrags, der «ihn ganz enthält». Er wählt dafür Berkeley und das hollywoodnahe California unter dem ewig blauen Himmel, damit klar sei, dass er nichts weniger als Zivilisationskritik übt, an der so genannten Elite des Westens. Er schickt sie übers grosse Wasser, damit das Echo ins alte Europa hinüberdröhne. Und so putzig bis ätzend die Ironie ist, die er seinem Helden Gottlieb Zürn verpasst, so sehr verweigert er sie der eigenen Person. Es kann keine Lustigkeit aufkommen in einem Gespräch, das sich vor sich selber fürchtet.

Diesmal leidet der Held, den wir schon aus «Das Schwanenhaus» (1980) und «Jagd» (1988) kennen, an einem neuen Symptom, das ist sein mit Sixty something aufflackernder Geschlechtsbestätigungsdrang. Warum ausgerechnet Zürn als verunglückender Romeo? Wir hätten Halm oder Kern diesen «Augenblick der Liebe» eher gegönnt. «Als Halm wäre er zu sehr Melancholiker, der ist reines c-moll, nein es-moll», sagt Walser, der seine Helden als Tonarten unterscheidet, sekundiert von seinem Freund Heribert Tenschert. Der Held aber bringt es weder als Zürn noch als Krall, und das ist gerade das Schöne an ihm. Als Erfolgsmensch wäre er unerträglich. Dieser Zürn-Krall ist ja die Krone unter den Einsilbern von Walser-Helden, die Dorn, Kern, Horn, Fink, Halm oder eben Zürn heissen, der klassische Vertreter der Unterlegenheitsbranche, welche die Walser-Romane geschäftsmässig unterhalten. Ob sie nun Häusermakler, Buchhalter oder Gymnasiallehrer sind, auch Schriftsteller zählen dazu. Gottlieb Zürn alias Wendelin Krall ist der vielleicht letzte Held in der Chronik des gut gepolsterten deutschen Spiessertums, oder sagen wir es sanfter, des obenauf schwingenden kleinbürgerlichen Mittelstandes, der nicht mit sich selber zurechtkommt, seit er obenauf schwingt, und auf welche Weise er nicht mit sich selber zurechtkommt, darüber schreibt Martin Walser seit vierzig Jahren. Ein First-Class-Romancier, der es mit den Angelsachsen von Updike über Irving bis Le Carré längstens aufnehmen könnte, aber eben, Walser-Helden denken zu viel und tun zu wenig, um dieses anglo-Saxon Action-Branding zu bedienen.

Was kann man ihn jetzt noch fragen? Was ihm heute das Schreiben bedeutet, was ihn also echt authentisch noch interessiert an seinem täglich geübten Metier? «Mich interessiert heute nichts anderes als damals, als ich die erste Geschichte schrieb. Es gibt da vielleicht einen Wandel, insofern als ich immer noch etwas nicht probiert habe, und das ist mindestens so viel wie das schon Probierte.» Was für eine Antwort. Er ist müde geworden, müde der Auskunft, dass das Schreiben für ihn wie das Atmen ist, das sieht jede, die versucht, in der Anschauung seiner Person bis unter die buschigen Augenbrauen vorzudringen, aber man traut sich nicht unter ein Gesicht, das schön gezeichnet und mächtig in sich selber versinkt. Bis die Fotografen zum Posieren aufrufen, und er mit ihnen ein launiges Schwätzchen hält. Man sieht, dieser Mann kanns mit jedem gut, der sich nicht als intellektuell verdächtig macht, er kann mit Frau Hinz und Herrn Kunz besser reden, und er redet lieber mit ihnen als mit jeder, die sich halbwegs in seinem Fach der Schriftstellerei auskennt. Diese Eigenschaft teilt er mit den meisten grossen alten Männern der Branche, die weit voneinander entfernt gross bleiben und alt werden wollen. Dieser Walser ist nicht der Erste unter den Dienst tuenden Grossschriftstellern, der zum Schluss nochmals dem männlichen Jagdtrieb nachspüren will, wenigstens schriftlich. Und dafür Schelte von Kritikern bekommt, die junge Männer sind, also Rivalen beim Jungblut. Aus diesem Drang wird dann vielleicht ein «West-östlicher Diwan» oder «Lolita» oder «Schande» (J. M. Coetzee) oder ein Roman mit dem Titel «Das sterbende Tier» (Philip Roth). Oder eben: «Der Augenblick der Liebe». Und da ist dann auch ein Schuss Sentimentalität drin, an der wir treuen Leserinnen nippen dürfen wie am Likör bei Wilhelm Busch, und Walser macht uns damit (fast) zu Komplizinnen in seinem Buch, sodass uns beinahe die Tränen kommen, und wir nicken: der denkt ja schon fast so wie wir. Etwa über den «Geschlechtsverkehr»: «Für das Höchste dienen sie einem ein Wort an, das in einer Behörde konstruiert sein muss», sinniert der geknickte, sinnengebeutelte Held. Oder: «Ich habe dich noch nie so geliebt wie in diesem Augenblick.» Sagt der Held zur Gattin, die ein Mädchen geblieben sei, auch so ein Schlenker für uns. Und erst ihre Augen, sie sind so unermesslich wie das Meer, und er der auf ewig darin Ertrinkende. Also Annas Augen, «das Höchstmögliche», zum Schlürfen für weibliche Oldies! Genau das wollen wir von diesen Schriftstellern hören: dass sie, wenn das Tier erlegt und verspeist ist, sich um die Seele der Opfer kümmern. Und das tun sie, auch Walsers Held, der sich für seinen Patzer eines kalifornischen Liebesausfluges selber bestraft. Richtig: weil er ihn als einen Patzer behandelte. Als ihn, den eiligen Rückkehrer aus den Staaten, der Traum an der Hand nimmt und ihm bedeutet, er solle sich endlich aufraffen und telefonieren, ohne Anna und ohne Seelenkrämerei, ohne diese Mischkalkulation, die dann beide, Gattin und Geliebte, belügt. Als er das eines Morgens am Leib auferstandene «Hin zu ihr» endlich erhört und sich tags darauf die teuerste Buchung nach North Carolina, Chapel Hill, zusammenreservieren lässt, bringt die Überseepost, auf die er wartet, statt die Beate-Offenbarung die Heiratsanzeige seiner Nichtangebeteten, die sich unterdessen mit ihrem vormaligen Vergewaltiger vermählt hat, mit Dr. phil. Rick Hardy, diesem zynischen Dünnlippenblütler mit Durchblick, den Wendelin Krall in Dwelline Hall als den ersten besten Rivalen gewittert hat.

Walser hat einen Bildungsroman verfasst, einen Entwicklungsroman auch, sogar einen philosophischen Roman, obschon er den Liebesroman meint, den Liebesroman will. Doch ist und bleibt er bei seinem Helden der Unterlassung, der so possierlich in seiner Frustration ist, dass man ihn trotzdem mag. Auch als Macker und Feigling, der zum zimperlichen Selbstläufer wird. Und Anna, deren Schritte durch das Eigenheim hallen, als Ausrede benützt. Sie ist ja, immer mal wieder, dieser «Augenblick der Liebe», ja, da lesen wir einen Walser von brunnentiefem Sarkasmus, weil er, statt den Liebesroman zu schaffen, vom Eheroman geschafft worden ist, genauer: vom Eherettungsroman. Einen Sarkasmus, den wir ihm, der seinen sozialmüden Helden dann wiederum putzmunter über das Wort altersgeil sinnieren lässt, nicht als Alterssarkasmus vorhalten wollen. Man könnte dieses Buch ebenso gut als eine ausgekochte Hommage (männl.) an die Unverbrüchlichkeit eines anhaltenden Paarunternehmens bezeichnen. Nur: nichts ist so schwer als – fiktional – über das Eigene zu sprechen, wenn es einem im Spiegel des Friseursalons entgegenkommt, sodass man flieht. Gottlieb Zürn erträgt seine Visage nicht mehr. Gottlieb Zürn kann nicht «ich» sagen, vor allem nicht in der Liebe, die er in der dritten Person übt. Und so sind wir je länger je öfter mit diesem von einem Selbst schwer behangenen Helden allein, der sich im letzten Kapitel anstellt wie ein verzweifelter Ventilator der Selbstreferentialität. Alles Zufächeln hilft nichts; der Held ist dort angelangt, wo er sein möchte, in der angestrebten «Verundeutlichung».

Wenn er in Zeichen und Wundern spricht, etwa über die feierlich begangene Wiedervereinigung im Ehebett, kratzt sich die nicht ganz unerfahrene Leserin am Kopf, oder anderswo, und fragt sich, was will uns der Dichter wohl sagen? Dass die Ehe das «Kommen und Gehen» (erstes Kapitel) überwindet? Dass sie ein Epos aus Einzelstücken ist, die nicht zusammengehören müssen? (Das hat der Autor im Studium gelernt.) Dass sie eine grandiose Verzeihungsanstalt ist, die ohne Worte auskommen muss? Wir kommen der Sache näher. Walser sitzt da, als warte er auf ein Verdikt. Er ist schon ein bisschen nervös, weil man aufbrechen sollte, zur

Lesung in die Stadt. Da winkt von ferne der andere Walser, über den dieser Walser (in «Liebeserklärungen», 1983) Wunderbares geschrieben hat. Und ich glaube die Sehnsucht des einen nach dem andern zu spüren, nach jenem, dem gelang, was er nicht vorgehabt hat, die Auferstehung in der jeweils nächsten Generation. Und es ist, als sei dieser Walser, der äusserst vorhanden ist, traurig über dieses tiefere Wissen, das er in sich verbirgt und niemandem zeigt. Und in diesem Augenblick möchte man ihn umarmen, darf aber nicht. Weil die Umarmung eines verwundeten Löwen direkt in den Tod führen würde.

Ja, das Ehe-Drama. Will man ihm ein besseres Schicksal angedeihen lassen als die Autoren des kalten Nordens oder ein realistischeres als die Herren Schnitzler, Horvath und Wedekind, so ist es offenbar vor Andeutungsschmonzes nicht gefeit. («Im Bett lud er Anna ein, die Annehmlichkeiten des Erlaubten zu teilen.») Der Held führt mit seiner Gattin ein sozusagen routiniertes Geschlechtsleben, das auch finstere Zeiten erträgt. Denn, und das ist eine Not dieses Buches: Zürn ist ja gar nicht alt, er ist bloss einer, der immer älter wird, und genau dieser undefinierbare Zustand, der niemals in Rente geht, lähmt eine pfunddick gewordene Angelegenheit, die zum Schluss doch noch die Kurve nimmt, als endlich ein Wetter über dem Bodensee aufkommt. Das Walser mit ein paar Strichen meisterhaft entwirft, als die Kulisse zur inneren Befindlichkeit. Doch ist der Held nichts ohne Beate und nichts ohne La Mettrie, sie haben ihn verlassen, in diesem beharrlich der inneren Selbstbehauptung abgetrotzten letzten Kapitel, das sich in einer Endlosschleife auf dem flachen Land des «seienden Seins» bewegt. Als seien die Sätze mit der Faust im Sack geschrieben.

Heidegger? Ja, den liest er gelegentlich. Und nicht etwa Popper. Heidegger ist aus der Gegend, er gehört sozusagen landschaftlich zu ihm.

Kriegen sie sich? Und wer kriegt wen, den er oder sie nicht schon hat? Das ist nicht die Frage, denn die wahre Amour fou des Autors gilt dem Medium, La Mettrie, obschon er ihn bloss sein Movens nennt. Er ist das «Objet du désir» dieses Romans, der auf der Höhe bleibt, solange er ihn erhört. Dabei geht es «um die Glückseligkeit der Menschheit, die nicht gestört, zerstört werden soll durch nichtsnutzige Schuldgefühle». La Mettrie hat seine unbequemen Wahrheiten schon gegen Lessing und Leibniz gerichtet, er war der erste Naturwissenschafter, der der modernen Teilchenphysik erkenntnistheoretisch am nächsten kam. Aber Gottlieb alias Wendelin verrät seinen guten Stern, der geblinkt hat: die Sinne sind meine Philosophen, wenn Gottlieb jetzt anfängt, seinen Körper zu strapazieren mit pathetischen Mannestaten, die niemandem dienen. Bezeichnenderweise findet die Entgleisung immer auf deutschem Boden statt (auch die literarische), wo doch der Held in California für sein Deutschsein schon genug büsst, vor den Herren Scharfrichtern der Akademie von Dwelline Hall, Berkeley, diesen vor Ehrgeiz knirschenden Hardlinern, deren lascher oder knackender Händedruck über Gedeih und Verderb der Doktorandin Gutbrod entscheidet.

Der Autor kehrt jetzt alles nach innen, er gibt nichts mehr heraus, was ihm teuer ist. Wir dürfen annehmen, das sei die Freundschaft und natürlich die Frau, die das handgeschriebene Manuskript in den Computer tippt. Es ist zu vermuten, dass er ein guter Vater war. Guter Vater noch immer ist. Die Frage freilich, Vater, wer bist du als Mann, wer warst du als Mann, haben die Familienfrauen niemals gestellt. Er hält ja diese Sache, diese Identitätsfrage, für eine Luxusfrage. Und die Frage nach dem Mannsein für eine gesuchte Spezialisierung. «Wissen Sie, ich war immer konkret. Es geht um das, was konkret ist.»

Es ist Zeit für einen Schluck Weisswein, eine andere Köstlichkeit aus der Hand des Freundes, ohne den dieser Roman nicht möglich geworden wäre. Tenschert zeigt stolz die Originalausgabe von La Mettries «Œuvres philosophiques», Amsterdam, 1753. Walser: «Alle französischen Quellen stammen von hier. Das ist die Grundweisheit: kein Mensch kann allein einen Roman schreiben, also wer das glaubt, sollte sich gleich aufs Gedicht spezialisieren.»

Der Fachmann für Helden der Unterlegenheit lässt sich die Anworten abringen, abknöpfen. «Wir sind alle eingeweiht», sagt er abschliessend beim Aufstehen, als ich nach dem Publikum seiner «menschlichen Wärmelehre» frage, die er im Mai 2004 in «Cicero» Nr. 2 publiziert hat. Die andere Antwort auf die Öffentlichkeitsfrage: Ein Traktat zum Thema Tabubruch, eine brillante Denkellipse, die ohne ein Beispiel, sogar ohne einen Inhalt auskommt. Eine Vermeidungsvirtuosität in sechs Lehrsätzen, die das Schweigen, Verschweigen als den höchsten sozialbildenden Faktor und die höchste Verbindlichkeit einer Beziehung preist. Kann das die Ultima Ratio eines La-Mettrie-Anhängers sein? Aber jetzt ist Schluss. Wir müssen aufbrechen. In Zürich wartet ein Publikum. «Wir, die Entdecker des Verschwiegenen, machen die Welt erträglicher, als sie ist», das ist ein Satz aus der These Nummer zwei der menschlichen Wärmelehre. Doch hat sich das Verschweigen, Schweigen schon früh als Wunschkind in Walsers Romanehen gemeldet, es hätte auch schon Helmut und Sabine Halm (in

«Ein fliehendes Pferd», 1978) beschert oder Ellen und Silvio Kern (in «Ohne einander», 1993) geschenkt werden können. Und es liegt auf der Hand, dass er mit diesen sechs Sätzen zur menschlichen Wärmelehre aus seinem Dilemma eine Tugend macht. Wer das nicht kapiert, dem wird zur Strafe eine Walser-Sentenz aufgebrummt: Wer andauernd versteht, was er tut, fällt unter sein Niveau. Wir ergänzen in dubio pro reo: Wer das Flehen um Menschlichkeit im Sagen und Schreiben dieses grossen Autors nicht checkt, ist selber schuld.

Wir sind noch nicht quitt mit dem Helden, also zurück zu Zürn im zweiten Frühling, nein im dritten, er hat ja schon mal etwas mit einer La-Mettrie-Forscherin gehabt. Am ehesten fähig zu dieser gross geschriebenen Liebe wäre die verlustbeteiligte Beate Gutbrod, wenns denn einmal dazu käme, denn schon das Aufkommen des Bedarfs nach einem Geständnis macht diesem Helden Beschwerden, und bereits nach seinem Vortrag am Kongress und der anschliessenden Verquickung, die alles andere als ein Quicky ist, versagt ihm die Stimme, sodass ihn Beate zu einem japanischen Stimmbandspezialisten bringt, und er sich später nach der Heilmethode der fernen häuslichen Anna «einwickeln» lässt. Manchmal wirkt dieser unfrohe Fremdgänger Gottlieb wie von Jaques Tati erfunden; in solchen Momenten ist der Roman auf der Höhe. Gerade weil diese grosse Sache namens L. bei ihm eine in die Komik schlingernde Kalamität ist. Walser: «Es ist ein besonderes Stigma, Hauptperson zu sein.»

Und Gottlieb Zürn alias Wendelin Krall ist eindeutig und hochgradig die Hauptperson dieses Romans. Wohin also mit Anna, wenn das Herz nach drüben ausschlägt, Anna, ach Anna, du Gespons, du allwissende Gefährtenschaft, mit deinen Riesenradaugen, die einem manchmal wie aus dem Honigtopf ragende Kraken vorkommen. Ihretwegen kehrt der Held umso reumütiger zurück. Zu einer treu liebenden Angetrauten, die ihn wie stets am Flughafen abholt. Und man glaubt es kaum: ab mit ihr ins Buchenwäldchen, rauf auf die Scheiterbeige, rauf der Rock, und hinein mit dem heimkehrenden Corpus Delicti in den ehelich geschürzten Schoss, als Bekenntnis sozusagen, dass gewissensgeplagte Ehemänner erotisch so ungestüm sind. Der Autor nennt diesen Akt «das Unbequeme als Heimkehrgeständnis». Ach Gottlieb, ach Herr Walser, das wäre nicht nötig gewesen, es ist so unglaubhaft wie angestrengt kurios, dass mans als die abstruse Verkehrung von Pappis Moral lesen könnte. Ich aber lese es als Verlassenheit von guten Geistern, die da Beate Gutbrod und Julien Offray de la Mettrie heissen. Sollten wir jedoch dem wankelmütigen Helden etwas übel nehmen, dann wäre es nicht die regsame Zierde des Mannes, sondern die Tatsache, dass er seine an allen Orten des weiblichen Körpers willfährige Loverin von Chapel Hill (Gottlieb: «Kann es einen schöneren Namen geben?») Knall auf Fall sitzen lässt, sogar noch vor dem bereits vorverschobenen Rückflug. Obschon er ihr ein paar schöne Tage mit Ausflug versprochen hat. Anna dagegen ist eine vierzigjährige eheliche Pflicht, mit der stallwarmen Strahlung des «Alleshintersichhabens»: «Nach vierzig Jahren erlischt jedes Problem», heisst es da. Denn die Ehe-Optik ist in diesem Roman rein männlich besetzt. Anna kriegt keine Chance, von innen kennen gelernt zu werden. Anna beklagt sich nie, sie führt ihr Leben, sie ist tüchtig. Sie hält ihn, in materieller wie in psychologischer Hinsicht, aus. Wir hätten das alles lieber von ihr gehört. So bleibt sie bloss Folie für einen Gatten, der sich einen Roman lang in seiner «Schuld» sonnt. Und die Leserin erinnert sich mit Wehmut an den Roman «Ohne einander», wo wir eine Gattin namens Ellen Kern von innen kennen lernen. Und an die Lebensgeschichte der Susi Gern. Das ist es nämlich, was diesem rasant geschriebenen, einfallsreichen, vergnüglichen und in den essayistischen Passagen brillanten Roman fehlt, um ein grosser Roman zu sein. Er bleibt bei der zimperlichen Selbstversessenheit eines ausdienenden Protagonisten namens Gottlieb Zürn.

Nach zwei Stunden Gespräch drängt Walser zum Aufbruch. Etwas Persönliches war ihm nicht zu entlocken. Da heisst das Thema gebrannter Mann. Aber es fällt doch noch etwas zwischen die Zeilen. Zum Beispiel, dass er Anträge bekommt, seit er ein schüchterner junger Mann war. So manche will die Seine gewesen sein, obschon er sich bloss ans Spazierengehen erinnert. Die Angebote an seinen Freund, den Antiquar, lassen an marketingmässiger Deutlichkeit nichts zu wünschen übrig. Walser sieht Tenschert ungläubig an, von der Seite, im Auto. Es ist, als würde ein Mann namens Martin Walser noch immer staunen über diesen Schriftsteller namens Martin Walser. Das muss ein Lapsus, ein Missverständnis, ja, vielleicht gar ein lebensbedrohender Zufall sein. Und es ist nichts zu entlocken «diesem Käfig, der Biografie heisst», wenn man mit einer Autorität unterwegs ist, die der deutschen Gegenwart nicht entkommt. Denn die deutsche Gegenwart will ihn noch immer.

Er braucht bloss mit den Fingern zu schippen, und schon sind sie versammelt, die deutschen Interessenunternehmer, Verlagswesen und Buchmarkt, Kritiker und Fans, und dabei die Verehrerinnen nicht dünner gesät als eh und je. Es müsste ein Genuss sein, dieser Schriftsteller Martin Walser zu sein. An diesem Abend gelingt es ihm: wenn er in diesen herrlich plüschverbrämten, ins rote Schummerlicht dämmernden Kaufleuten-Saal in Zürich hineinspricht. Er hat sich entschlossen, für sämtliche Statements sein Alter Ego Messmer zu bestellen. «Messmers Gedanken» (1985), «Mesmers Reisen» (2003) stehen gerade für das, was Walser selber nicht mehr sagen will.

Seine Stimme ist leiser geworden, er fürchtet schon auf der Fahrt – höre ich richtig? – um seine Stimmbänder. Jeder Satz enthält jetzt die Verfinsterung des Alemannischen in der Tiefe des Gaumens. Das Alemannische hat ihn immer interessiert als Topos der Gegend, als Kulturausdruck, seine Mutter hat nie hochdeutsch gesprochen, und er ist wegen der Mundart gern in der Schweiz. Wo er wohnt, im Allgäu, da haben die Bayern die Sprache kolonisiert, da ist die Mundart wegradiert worden wie eine Plage. Ich höre ihn reden, seit ich ihn lese. Ich meine ihn noch jetzt aus jenem frühen Aufsatz zu vernehmen, der einem jungen Autor riet, nie einen Text vorzulesen, der das Knarren der Tür nicht würde überleben können. Es muss bald zwanzig Jahre her sein, als er in Solothurn vor einem grossem Publikum sagte: «Nun stehe ich da und Sie erwarten, dass ich ein besserer Mensch bin.» Ein Satz, der um Nachsicht bittet, wie er ja auch schreibt, als würde er fortlaufend um Nachsicht bitten, mit einer Virtuosität in der Wortwahl, welche die Leserschaft sofort dafür beschämt, dass sie ihm diese vertrackte Huld abnahm. Obschon Scham nicht sein Wort ist, das gehört Adolf Muschg, Walser ist kein Ritter des schlechten Gewissens, Muschg, der in nebelhafter Nähe Verbliebene, steht ihm vielleicht unter den Schriftstellerkollegen trotz allem am nächsten? Wir werden darüber nichts weiter vernehmen. Ausser einem kleinen kollegialen Lob für Muschgs «Liebesgeschichten».

Unbehaglich ist ihm, war ihm schon immer, wenn man von aussen hereinkam und etwas wollte von ihm, nicht erst seit jenem Tag, an dem seine Allberühmtheit einbrach, im geknickten Applaus zu Frankfurt am Main, in der Stadt Goethes und Reich-Ranickis. Was bleibt? Das hat er nie gefragt, er ist ja keine Frau wie Christa Wolf, mit der er ein Schicksal und eine Generation teilt, nicht aber den politischen Konflikt und die schriftstellerische Genese. Nein, er liest sie nicht, er liest auch keinen Philip Roth, keinen Coetzee, da ist nichts, in das man gern eine Verwandtschaft hineinkatapultieren würde. Wenn er Zeitgenossen überhaupt noch liest, dann sind das Hürlimann und Handke, die Maron hält er für intelligent, Herta Müller schätzt er und die Kronauer hätte den Büchnerpreis auch verdient, während er diesen Genazino nicht kennt, der ihn jetzt bekommen hat. Das alles erreicht ihn kaum mehr.

Lieber Herr Zürn Krall Walser: wir finden, im Gegensatz zu Ihnen, nicht Anna sei das Problem, Beate schon gar nicht, auch nicht Paul Schatz, der Geschäftspartner von Anna, strahlender Erzkonkurrent im Innendienst, also dieser Paul Schatz, die Beliebtheit schlechthin. Auch nicht Rick Hardy, selbst wenn er Ihnen Beate vor der Nase wegheiratet, ist das Problem. Sollte ein Problem vorliegen, was wir nicht à tout prix behaupten wollen, so hiesse es Zürn Krall Walser. Weil Zürn wie alle Walser-Helden das tut, was die männlichen Helden deutschsprachiger Grossschriftsteller meistens tun. Sie schauen sich selber zu, sie regeln halbherzig ihre Brunst, statt sich der Hingabe hinzugeben. Zu sehr ist auch der Autor in seine Sätze verliebt, von denen er möchte, dass jeder Einzelne schon ans Ziel kommt. «Siehst du, das ist wie mit einer Schafherde, das einzelne Schaf weiss nicht, dass es Teil einer Schafherde ist, und so ist es auch mit den Sätzen.»

Der Leserin allerdings erscheinen die Sätze nicht wie Schafe, sondern eher wie Funde aus einer Abfallrinne, jedenfalls tun sie so, als seien sie rein materiell nichts wert, dafür von höchstem Erkenntnisgrad. Es blitzt jetzt unter den buschigen Augenbrauen des Löwen hervor, als würde er auf den Augenblick warten, nein, nicht den der Liebe, sondern des Raubzugs. Dass die Natur zu einer Herausforderung wird, die die Angst eines alternden Mannes schürt, ist eine Tatsache, die man Grossschriftstellern nicht zum Vorwurf machen sollte, man schreibt, wie gesagt, aus der Erfahrung. Wie sich der Lauf der Natur allerdings literarisch niederschlägt, das bleibt am einzelnen Werk zu überprüfen, und da kann der sexuelle Selbsterkennungsdienst durchaus zum literarischen Bumerang werden, wenn wir Gottlieb Zürn im Hotelzimmer bei der Erektionsprobe betrachten. Einmal heisst es: «Die Abwesenheit des Unangenehmen ist als Leere spürbar.» Ja. Und die besteht dann auf weite Strecken aus der gutbetuchten Geländewagen-Hausbackenheit, in der die Poesie der Gegend von Abraham da Santa Clara, Hölderlin, Mörike bis zu Arnold Stadler leider nicht blühen kann, weil sie in der Obhut von Walsers Immobilienmenschen einfach zu wenig Puste bekommt. Weil diese Menschen zu wenig Existenzsorgen haben, um aus dem lebensdicht abgeschotteten Daseinskomfort herauszuklettern. Wie soll da die Liebe, nichts als die Liebe, beziehungsweise ihr Augenblick gelingen? Ja, das ist wohl das mittlere Elend dieses Romanstoffs, der, Walser-O-Ton, «etwas anvisiert wie etwa die Vermutung, dass der Augenblick nicht verlässlich ist». Aber anderseits nichts Geringeres als das Grösste will, unter miserablen Voraussetzungen. Schön und gut.

Wäre ich Kritikerin, müsste jetzt folgende Formulierung eintreffen: auf höchstem Niveau gescheitert. Ich müsste vom Funktionieren eines Romanes reden. Ich bin froh, dass ich nicht Kritikerin bin. Stattdessen höre ich ihn reden, noch jetzt, er spricht so, als sei seine Stimme auf ewig erschrocken, und der Schrecken zu einem Missbehagen verformt, oder gefroren. Er könnte selber so etwas über einen andern, von ihm verehrten Dichter gesagt haben. Was ist Authentizität, jetzt noch? Im Zeitalter der unendlichen Reproduzierbarkeit? Für Martin Walser steht alles im Konjunktiv.

Barbara Sichtermann *Unter uns Denkhausfrauen*
Oder: der Orgasmus hat eine lange Geschichte

Was ist ein Mann? Was ist eine Frau? Eine Frage, die jede Epoche beschäftigt, und keine hat sie beantworten können. Bis vor kurzem wurde sie von der Norm beantwortet. Die Norm, das war jahrhundertelang der Papst oder der Kaiser. In der Demokratie ist sie verformt von der heimlich oder offen herrschenden Interessenpolitik. Die eidgenössische Bundesratswahl vom 10. Dezember 2003 machte das deutlich. Das Weib schweige in der Gemeinde, sagte die CVP-Vertretung zu Ruth Metzler, ihrer jüngsten Bundesrätin. Sie sagte es mit der zweitausendjährigen Stimme des Apostels Paulus in Rom.

Auch die Herren Weininger und Schopenhauer waren ideologisch beteiligt an der Inhaftierung der Weiblichkeit, die seit dem 17. Jahrhundert überhand nahm und mit dem Industriezeitalter und der «Erfindung der Kleinfamilie» im 19. Jahrhundert zum Höhepunkt fand. Man kann diese zwei Herren mit philosophischem Drive als die Vollender der berüchtigten drei Ks – Kinder, Küche, Kirche – betrachten, und diese Ausstattung des weiblichen Geistes hat wieder Vorrang in der Schweiz. Zwar können Lesben sich auf dem Zivilstandsamt der Stadt Zürich trauen lassen, doch dahinter steht der Gnadenakt, der sie als Minderheit besiegelt. Er lautet: Vor Lesben braucht sich der Staat nicht zu fürchten. Wir sind nämlich wieder ganz parlamentarisch dorthin unterwegs, wo beginnt, was leuchten soll im Vaterland: die Frau als Mutter, Hausfrau und Garnitur des Mannes.

Da ist eine, die sah das kommen, und sagte prophylaktisch: Kinder und Küche, warum nicht? Frau kann sich für diese Belange akademisch ausbilden lassen, Frau kann Expertin dafür werden. Also hat sie selber eine Karriere als Frau und Mutter eingeschlagen und daraus entscheidende Schlüsse für die psychosoziale Konstitution der Frau gezogen. Sie hat sich nie besonders hervorgetan, wollte nicht die Heroine irgendeiner Befreiung sein. Aber ihr Wahlfach hat sie beherrscht und sozusagen beim Putzen herausgefunden, worin das weibliche Orgasmusproblem liegt.

«Ein Orgasmus ist das Ende einer Kette von Empfindungen, von Bildern, Träumen, Sehnsüchten, Ängsten, lauter Sensationen, die sich ausserhalb des Bettes abspielen. Eine Kette von Eindrücken, Erwartungen, Enttäuschungen, Überraschungen, Blicken, Berührungen. Die Kette muss nicht ausschliesslich von den zweien, die Liebe machen, aufgereiht worden sei, andere können vorher an ihr mitgewirkt haben, viele ihrer Glieder können auch von den einzelnen allein, als Phantasie oder Erinnerung, eingefügt sein. Sie muss auch nicht lang sein. Aber sie muss da sein und ein Gewicht haben … (…)»

Das schreibt sie im Aufsatzbändchen «Weiblichkeit, zur Politik des Privaten» (1983). Sie fragt weiter: «Gibt es eine weibliche Ästhetik?» Eine Frage, die in den 1980er Jahren von den Vorgängerinnen der Kulturwissenschaft fast zu Tode diskutiert worden war. Bei ihr aufersteht sie so frisch als wie zuvor, weil im Lebenszusammenhang, den die Akademikerinnen verlassen haben. Sie ist, im Selbstversuch, das Vorbild für ihren Essay «Die Frau beim Grübeln auf eigene Faust» (1985).

Ich kann die Finger nicht lassen von ihren suggestiven Buchtiteln, selbst auf die Gefahr des «Déja-lu». Also fange ich an, mein Bücherregal zu durchforsten. Ich lese, ich lese auf den Knien, mit dem Staubwedel in der Hand. Ich werde zu ihrer Kronzeugin, werde der lebende Beweis, dass man beim Putzen denken kann.

Sie ist nämlich in meinem Bücherregal geblieben, während die berühmte hohe Zeit, die wir teilen, abgetischt worden ist, ich habe sie dem Recycling überantwortet. Auf den noch vorhandenen Klassikern der neuen Frauenbewegung lagert Staub, nicht aber auf den schmalen Bändchen aus dem Wagenbach Verlag: sie werden noch immer gebraucht. Neben den kultisch gehandelten Blauen aus der DDR (ich mag sie nicht die ehemalige nennen) steht einsam die Marx/Engels-Gesamtausgabe aus dem Dietz-Verlag und dürfte als Druckerzeugnis jetzt den richtigen Armutsschick haben, um auf einer Auktion ein hübsches Sümmchen zu erzielen. Das tue ich ihr nicht an, ich nehme ja auch nicht teil an jener businessflotten Ostalgie, obschon ich nichts gegen sie habe. Neben Wagenbachs Taschenbücherei steht «Freibeuter» & Co.: noch immer frische Reflexion. Sie hat jeweils kulturgeschichtlich und historisch verankert, was die schnellen «Kursbuch»-Denker von der Konkurrenz angekickt hatten. Und da ist sie, von verhaltener Insistenz: Barbara Sichtermann, geb. 1943, dipl. Volkswirtin. Sie konnte sich leisten, die «naiven» Fragen zu stellen, welche die elementaren, die notwendigen Fragen sind. Sie fragte in ein ziemlich verbautes feministisches Paradigmengebäude hinein und horchte umsonst auf ein Echo. Wenige hörten ihr zu. «Lust ist unteilbar», schreibt sie, und weiter, der Sexus sei eine Macht, an der das Männliche und das Weibliche gleichermassen partizipiere, Sexus müsse also von der Rollenzuschreibung entbunden werden. «Was sich als weiblich oder männlich erfährt, ist von der Gunst des Moments entworfen, und nicht von irgendeinem Chromosomensatz.» Diese Sichtermann ist keine, die Latzhosen trägt, dachte ich. Sie schmeisst nicht mit Verbalien, die Verbalinjurien sein wollen, um sich, sie hält nichts von Frauenpower. Klein und fein, elegant und zartgliedrig: im Rokoko wäre sie die bevorzugte Kurtisane des Königs gewesen. Aber nein, solch eine Mutmassung verbietet sich bei ihrem Anblick, der keinerlei unkeusche Assoziationen weckt. In ihrem klaren Auftritt verbirgt sich keine Tapetentür. Sie denkt in ungebrochener Linearität vorneweg. Unmittelbar und durchaus dialektisch nach dem Gebot der Stunde; den Widerspruch wusste sie beiläufig einzuflechten. Sie, ein Kind von Achtundsechzig und des deutschen Idealismus, traut sich zu sagen, was der Fall ist, frei nach Wittgenstein und dem eigenen Grips. Sie weiss das Naheliegende, das vermeintlich Triviale, aufzufächern und in einem Überbau so zu verstauen, dass es schimmert wie die Futterseide grosser Philosophie. Wie sie ihren Stoff ausbreitet, glättet, faltet, und erst noch im richtigen Fadenverlauf, diese Denkhausfrau! Sie wird mir mit ihrem grossen, weitreichenden Verstand diesen Ausdruck verzeihen, denn sie ist eine der wenigen, die ihn sich leisten können. Ihr Fachwissen ist vorhanden wie eine Garderobe, die man bei Anlässen benutzt, aber mit Bedacht wählt, meistens kommt man ja ohne Vorzeigestück aus.

Da ist eine Feministin, dachte ich im Jahre 1979, die keine Amazone sein will wie drüben in Amerika, und keine hermetische Intellektuelle wie in Frankreich, und keine Priesterin oder mythenbetraufte Matriarchatsapologetin wie in Deutschland. Sie ist eine Feministin, die die Nähe einer Alice Schwarzer, der Medienhauptfrau der Epoche, ohne Verluste aushält. Eine denkende Studierte ist sie, was ja fast einem Paradoxon gleichkommt, in einer

Zeit, die die Frankfurter und andere Schulen und natürlich Paris-Vincennes mit Löffeln gefressen hat. Obschon «Hinterfragung», «Verunsicherung» und «Unterwanderung» Leitwörter waren, die auch eine aktive Feministin im Köcher führte, und sei es als Placebo ihrer eigenen Strategie. Die Amerikanerinnen der Stunde, die mit der Zen-Fibel und der Knarre im Hosenbund herumgingen und schossen, bewunderte und fürchtete ich, auch vermutete ich, dass ihnen der Ruch des «Schwanz-ab-Feminismus» böswillig unterstellt worden war. Und hier war eine Gemässigte, die sich mit keinerlei Credo behängte. Die Spekulation, das Vorrecht des Essays, ist ihr Element, ohne das Zitat im Patronengürtel mitzuführen wie die Genossen – sie ist eine Essayistin, die sogar ohne Walter Benjamin auskommt, das ist zu dieser Zeit schon eine besondere Leistung und die muss stark im Argument sein.

Aber nein, die Vermutung ist falsch: sie ist kein Schöngeist, das wäre fatal gewesen, nicht einmal ein schöner Geist ist sie, sondern ein makelloser Common Sense, also eine Gnade im Jahre 1979 und danach. Die Autorin ohne Imperativ wird aber doch noch kategorisch. Wenn es zur Sache geht, und das ist die Kultivierung des Unterschieds (der Geschlechter) und nicht seine Tilgung. Das kommt uns jetzt wie geschenkt vor, weil wir vergessen haben, dass ihrem Postulat eine Flut feministischer Anweisung für Tisch und Bett und Sprache voranging, ja eine eigentliche Koitus-Didaktik, die uns vor der schlimmsten Praxis warnte, nämlich der «Penetration». Sichtermann hat diese Programmatik beim Wort genommen und unschädlich gemacht, sie erklärte, dass Penetration auf Deutsch Durchdringung heisse und also keinem Herkules jemals gelingen könne. Die Penetration ist eine Folter, die mit dem Speer, allenfalls mit dem Schwert, nicht aber mit einem Phallus ausgeübt wird.

Schreibt sie zu einer Zeit, da die Finnlandisierung des Geschlechts einsetzt und die Klitoris sich in sich selber verpuppt. Es ist die Stunde, da eine neue Spezies als Angriffsziel für den Geschlechterkampf der Männer auf den Plant tritt: die frustrierte Zicke.

Als der Rumor des klitoralen Orgasmus aufkommt und als allein selig machender Höhepunkt der Frau gepriesen wird, als die Radikalfeministinnen ihr Paradies in Encounter-Groups, Vagina-Spiegelungen, Berührungsaktionen und Kreistänzen entdecken und den Ort der Erfüllung in der maximalen Entfernung von einem Phallus suchen, kurz, als die Entdeckung der weiblichen Sexualität ihre Triumphe feiert, ruft Sichtermann von weitem herüber: Seid mitmenschlich im Bett, seid menschlich mit dem, der ohnehin schon da liegt. Er (oder es) machte nun umso öfter schlapp, als die frustrierte Zicke marschierte. Ihr Anspruch, ja ihr Recht auf den klitoralen Orgasmus forderte den Mann unter ihr bis in sein erstes und letztes Glied. So erstaunt uns nicht, dass Sichtermann als Erste den Softie willkommen hiess, ein Typus, der vom Feind als der Mann mit den vom Streicheln aufgeweichten Händen denunziert worden war. Sie tat das unaufgeregt, als Dame des Gedankens, und dermassen anständig, dass sie vom lauten Ton der Zeit überhört worden ist.

Erkennt euer Geschlecht als eines, das das andere erst macht, sinniert sie; denn der Phallus ist das Produkt der Vagina, physiologisch unbestritten, es mag auch die Vorstellung einer Grotte oder die Kuhle des gebeugten Knies sein, oder allenfalls ein gewisses Löchlein (ergänze ich, da die Gleichstellung der Homos noch nicht angesagt war, doch von Sichtermann als Erster applaudiert worden wäre). Während die Vagina das konvexe Organ will, gleichviel ob es sich um einen Finger oder einen Penis handelt.

Liebe Schwestern im Bett, sagt sie fast bittend ins Schlafzimmer hinein, bedenkt, was das Entscheidende an der partnerschaftlichen Sexualität ist, nämlich die Zwischenmenschlichkeit. Ihr Plädoyer sucht das angefochtene Geschlechterverständnis aufzubrechen, indem sie es als Herrschaftsmuster rügt. Doch der Unterschied ist wesentlich. Das Geschlecht soll alternierend in den Armen des Partners Subjekt und Objekt sein. Eros, so ihre These, kann sich nur im wechselseitigen Begehren erfüllen, ohne jede Hierarchie. Der geglückte Liebesakt ist ein Liebesakt, der den andern/die andere als das andere sucht und findet, um gemeinsam in ihm aufzugehen. Vereinigung, wörtlich. Das mag eine Binsenweisheit aus dem Reich der Sinne sein; zu ihrer Zeit ist es eine Weisheit, die das Richtige zur falschen Zeit sagt. Das ist ihre Aufgabe geblieben, auch im späteren Werk.

Ich blättere. Immer noch eine angenehme Lektüre. Dass sie es damals schon war, hatte ich heimlich festgestellt, denn laut hätte frau so etwas nicht sagen dürfen – das Angenehme, das Schöne gehörte ins Ressort des Klassenfeindes namens Bourgeoisie; und dass sie, die dipl. Volkswirtin, uns nun den Erbauer des Begriffs von neuem schmackhaft macht, diesen Herrn Dr. Karl Marx, ist die Konsequenz ihrer Taktik der Widerlegung. Was dieser Übermann und Privatgelehrte alles nicht gesagt hat, steht im Wagenbach-Taschenbuch «Der tote Hund beisst» (1990). Das ist eine ironisch-literarische Abrechnung mit einem Mysterium, das «irrtümlicherweise in die russische Revolution geraten» ist. Eine Staatstheorie habe er nämlich nicht entworfen, dieser Herr Dr. Marx, der «visionäre Prognostiker», der «grosse Schriftsteller», in den man mehr hineinlesen wollte, als er schrieb.

Ich lese und lese. In der Handgreiflichkeit ihrer Texte, in ihrem schön geschnittenen Pragmatismus ist sie eine Verwandte der Angelsachsen; ihr Gestus wohnt näher beim London der Bloomsberry Circle von Virginia Woolf und Vita Sackville-West als bei der Berliner Schnauze und den Ohrfeigen für Adorno. Ebenso gut kann ich sie mir in die amerikanische Pionierzeit hineindenken, in der Kutsche «going west». Wenn ich mir vorstelle, dass sie mit dem Lorgnon ins weite Land blickt, um das Unrecht auszumachen, das bis an die Räder brandet, vielleicht sind es auch betende Hände, so meine ich das nicht ironisch. Ich glaube, dass die physische Bewegung einen Weitblick ergibt und einen Rhythmus des Denkens. Und daraus entsteht dann solch eine Lektüre, in der jede Seite die Konsequenz der vorangehenden ist.

Ohne Eifer, ohne Hass hat sie bedacht, was Frausein zu bedeuten hat, am Spültrog oder am Katheder, am Fliessband oder im Bett. Und wo die Genossinnen den berühmten Widerspruch stillten, indem sie ihn begruben, denkt Sichtermann mit ihrem Säugling an der Brust fort und fort; denn die Mutterschaft war für sie keine Zuflucht und niemals ein Hindernis für die Analyse, sondern im Gegenteil der Anlass, das Hirn zu gebrauchen.

Das hat mir imponiert an ihren Texten, dass sie aus Selbstbewusstheit das Eigene bedachte. So empfiehlt sie die «Kunst, miteinander auszukommen», als ein bewährtes Prinzip, das man durchaus aus der vorindustriellen Ehe in die partnerschaftlichen Wohnmodelle von heutzutage übernehmen kann. Den Anspruch nivellieren und eine Wahlgrossfamilie aufbauen: ja, sie weiss zum Voraus, was wir nun wissen. Einmal dies: dass der Feminismus von achtundsechzig zu hoch hinauswollte und – indem sich die Theorie von der Praxis trennte und im Elfenbeinturm residierte – die Strassenformation auf der Strecke blieb. Je höher die Frauenbewegung zielte, desto tiefer fiel sie zurück: was für eine dumpfe Wahrheit, die wir jetzt entgegennehmen müssen, aus den Lederportefeuilles von Wirtschaftsbossen, aus den Boxhandschuhen zynischer Politiker, die ihre Gattin «s' Fraueli» nennen, selbst wenn «s' Fraueli» ihre starke rechte Hand ausmacht. Noch schmerzlicher vernimmt man diese Wahrheit von Kommilitonen, die sich einst «Feministen» nannten und jetzt, 2004, in der universitären Berufungskommission keine Frauenquote zulassen wollen, denn, und das hört man auch von Seiten der Ex-Genossen: «Ihr habt ja jetzt eure Emanzipation ...»

Barbara Sichtermann bot Ratschläge an, segensreiche Spenden einer neuen Bescheidenheit. Sie appellierte an die kleine räumliche Phantasie, die von der grossen Utopie vergessen wurde: Frau stelle sich vor, mit dem Bündel Nachwuchs auf dem Arm, mit dem Spaten in der Hand, mit dem Macker im Bett. Dabei geht es freilich um mehr als das Topfpflanzengrün irgendeiner Lebensberatung, es geht um die produktive Praxis von dem, was hätte ein gangbarer Sozialismus werden können. Etwa wenn sie meint, dass die Nachbarin eine Plage oder eine Hilfe werden könne und jede Erdenbewohnerin das selbst in der Hand habe. So findet alles Verwendung, was vorkommt. Und alles, was dasteht, taugt zur Wiederverwertung. Ihr danke ich die Methode der allmählichen Verfertigung des Gedankens beim Gemüserüsten.

Ich ködere Sichtermann, meine Denkhausfrau, aus ihrem grossen Denkvorrat hervor, jetzt, da es uns allen an das Eingemachte geht, ob wir nun Genforscherinnen oder Hortnerinnen sind, ob Single oder Mutter von fünf Kindern, ob frisch von der

Uni oder parat für das Altenheim. Es geht uns an den Kragen, den wir den Herren der Schöpfung steif halten halfen. Jetzt sorgen sich die jungen Frauen um eine ausbildungsgerechte Stelle und die alten Frauen um ihre Rente, und dazwischen bangt das, was wir als die weibliche Manövriermasse der Wirtschaft zu bezeichnen schon gewohnt sind, um den Job.

Sie machte zu wenig Lärm mit ihrem Denkhaushalt, sie hat uns wohl für hellhörig genug gehalten. Sie schrie nicht, sie dozierte nicht, sie griff nicht an. Sie sprach und stellte fest. Klage führen wollten wir selber, wir hielten uns für zuständig genug und fragten nicht nach einer Anwältin. Ich entsinne mich, wie meine Freundin Thea sagte: «Der Erste kommt um zehn nach Hause, der Zweite geht um elf, die Dritte will um zwölf Punkt essen, und noch ist keine Rede davon, was der Vater all dieser Wünsche will.» Und sie fuhr fort mit einem durch die Umstände gut ausgebildeten Sarkasmus: «Es kommt dir dabei vor, als würde das Lehrerzimmer dieses Kreuzworträtsel von Stundenplan mit Genuss ins Haus liefern.» Sie war eine Frau Dr. phil., hatte über Thackeray promoviert und sass zwischen Windeln an der Besprechung von Arno Schmidts «Zettels Traum», einem Werk von biblischem Ausmass und Gewicht. Die Besprechung wurde weitherum beachtet. Doch die Umstände ihrer Entstehung blieben unbekannt. Dazu hätte Sichtermann, die Denkhausfrau, meine Freundin Thea aufgefordert, es war ihre erklärte Absicht, die Umstände all unserer Hervorbringungen mitzuliefern. Das hätten wir besser beherzigen sollen. Dann wäre es anders gekommen als.

Dreissig Jahre später sorgt eine neue neokonservative Borniertheit für die Aufrechterhaltung des Kreuzworträtsels in schulischer

Erziehung, und sie sorgt dafür auf eine Weise, die uns graut. Der weisse Fleck innerhalb der EU-Landschaft entspricht der Inhaftierung der schweizerischen Weiblichkeit nicht nur politisch und soziodemografisch, sondern ganz persönlich. Wir sind die Inselbewohnerinnen auf dem Trockenen, wir sitzen auf diesem alten Kontinent als die Letzten ohne Tagesschule und ohne Mutterschaftsversicherung fest.

Das Bedeutende wird männlich überliefert, es ist patrilinear. Ich spreche von einer herrschenden Regel, die seit zweitausend Jahren der Revision harrt. Sichtermann sagt dazu: «Mir scheint, dass an Frauen der historische Auftrag ergangen ist, beide Geschlechter von der Bürde der Bedeutung gänzlich oder zeitweilig zu befreien.» («Die Frau beim Grübeln auf eigene Faust») Ein Schulterzucken, oder ein Affront für den Status quo? Sie kann sich irren, sie darf sich irren, meine Denkhausfrau. Sie irrt sich selten, aber es kommt vor. Zum Beispiel mit der Behauptung, jede prähistorische und antike Hochkultur hätte eine «Ars amandi» gepflegt. Dafür sind allerdings die Matriarchatsforscherinnen Heide Göttner-Abendroth und Carola Meier-Seethaler zuständig, sie werden es zu widerlegen wissen, falls sie das als Dringlichkeit erachten. Besser tun sie sich mit uns zusammen, den nun wieder wild entschlossen frauenbewegten Fussgängerinnen. Wir sind jetzt alle konfrontiert mit einer globalen Situation, welche die Frauenfrage zu einer Menschenrechtsfrage macht.

Nämlich: es könnte sein, dass im Nachbarhaus eben jetzt eine Tochter des rechten islamischen Glaubens unter lebensgefährlichen Umständen beschnitten wird; sie windet sich vor Schmerz unter der heimlich vollstreckten Infibulation und darf keinen Ton von sich geben. Es könnte sein, dass ein paar Häuser weiter gerade eine Philippina oder Thaifrau fix und fertig gemacht wird, von einem Ehemann, der sie gekauft hat. Und um die Ecke wohnt die allein erziehende Asylbewerberin, die sich in unsern Treppenhäusern abrackert, ein stummer Job, der sie und die Ihren knapp über Wasser hält. Im Jahr 2004 wurde eine solide Schweizer Bürgerin im Tessin verurteilt. Für ihre Menschlichkeit, die darin bestand, ein paar kranken und erschöpften «Indigenas sans papiers» eine Unterkunft zu verschaffen. Ganz allgemein: In einem globalisierten Umfeld wird die Distanz zum Nachbarhaus grösser. Die Gewalt geht schattenhaft um.

War da nicht noch etwas? Wo blieb die alltägliche Sinnlichkeit der Verrichtung? Wurde sie wegpoliert von unsern chromstahlgleissenden Wohnküchen? Fehlt unsern tollen Lofts vielleicht jene Offenheit, die das Gemüt und nicht das Design anbietet? Wird der Umgang mit dem Fremden, der Berührung nicht scheut, erdrosselt von der Anstrengung zur Political Correctness? Das alles geht mir durch den Kopf, mit Sichtermanns Büchern in der Hand. Ja, da war noch etwas. Die Schwäche für das Schöne, für die Schönheit, vorab für den schönen Mann. In der träumerischen Aura, die ihren Blick verhängt, auf dem Foto des Titelumschlagbildes, hat sie ein Innenbild, ein Inbild vom Mann als einem «weiblichen» Erotiker. Vielleicht hat sie ihn auf der Strasse entdeckt, in der Not, als sie dringend einen Babysitter brauchte. (Sie ist früh Witwe geworden.) Warum soll der weibliche Erotiker, der nicht mit dem Softie zu verwechseln ist, nicht gar die bessere Mutter sein, auf der Strasse seine Hüften schwingen, in der Lust die «kleinen spitzen Schreie» schreien? Das wird noch kommen, wenn die Gesellschaft ihr Lustpotential zu nutzen weiss, wenn Sichtermanns Vision, die

All-Erotisierung der Lebenswelt, passiert. Auch eine männliche Brustwarze ist zum Knabbern da, schon jetzt; die Voraussetzungen liegen vor. Da wird die Denkhausfrau fast kindlich-freudig. Sie hat ja schon lange, ungleich uns, Verständnis für die Misere männlicher Befindlichkeit. «Die Erniedrigung des Ziels seiner Wünsche ist die Rache des Subjekts (Mann) für seine Abhängigkeit vom Objekt. Der Mann hasst die Frau dafür, dass er sie begehren muss.» («Die Ausdrucksweise der Geschlechter») Ach, was waren das für herrlich schmackhafte Zeiten, als wir Denkhausfrauen uns mit solch lüsternen Stoffen eindecken konnten.

Marcel Duchamp *Lieber Stauffer, haben Sie beim Liebemachen je gelacht?*
Sieben Anläufe zur Erfassung des Transerotikers in seinem Werk

Ich behaupte, und die Behauptung wird auf den folgenden Seiten wesentlich werden: Weder Pipilotti Rist noch Olaf Breuning wissen, wer ihr musischer Grossvater ist. Auch Thomas Hirschhorn und Sophie Calle, derzeit szeneführend, wissen es nicht. Und das neueste Genie, Urs Fischer, das von sich sagt, «ich will äs bitzeli Sache machen und ein easy Life haben», wird kaum realisieren, dass er mit diesem Kunstverständnis ein klassischer Wiedergänger ist. Nicht nur, indem er die Trivialität von Kreativität zum Programm macht, sondern indem er sie zusätzlich ausführt. Und uns all das auch wirklich auftischt, wovon der Kunstbetrieb überschwappt. Nämlich von der Produktivität an sich.

Am Anfang dieser Entwicklung, die bald hundert Jahre alt wird, steht dieser schlanke androgyn wirkende Mann, der weder sichtbar noch unscheinbar ist, man würde ihn auf der Strasse kaum kennen, denn er ist kein Selbstdarsteller wie mancher seiner Erben, etwa Joseph Beuys oder Jeff Koons. Wenn schon, steht er näher bei unserer Manon oder Maria Abramovic, die ihrem Partner auf der chinesischen Mauer entgegenging, um sich bei der Begegnung von ihm zu trennen. Der Mann heisst Marcel Duchamp, bedient sich mancher Rollen und geht manchmal verkleidet als Frau namens Rrose Sélavy um. Insofern kann man ihn auch als ersten Darsteller der Gendergesellschaft betrachten.

Der Mann hat eine Sache losgetreten, die ein für allemal unter Kunst läuft, und jetzt in sorgloser Eigendynamik in jede Bastelstube dringt, die sich Atelier oder Studio nennt. Nachdem mehrere Generationen von selbstbewussten Duchamp-Verwertern ein Werk geschaffen haben, von Ben Vautier bis Rosemarie Trockel. Ihre Namen fallen zufällig, es gäbe noch manch andere. Doch hätte ihr Werk den Meister des Flüchtigen, Ephemeren weniger interessiert als der Betrieb selber. Jetzt geht nämlich das, was je länger je unbeschreiblicher wird, direkt in die Hand des Promoters über. Dass ein Akt der Kunst heute ein Event ist, nachdem er die Performance überwand, dass die wahren Kunstmacher auf der Welt ein paar stinkreiche Galeristen und Sammler sind, die an der Kreuzung Milano, Zürich, Düsseldorf, New York stehen und den Hype absaugen, hätte den Meister zum Schmunzeln gebracht. Denn er ist der Lichtschalter der Kommerzialisierung von Kunst gewesen; nur wollen das die frommen Exegeten nicht hören. Wären ihm «Once upon a Time in America», das ihn berühmt gemacht hat, die Black Panther über den Weg gelaufen, und das ist gar nicht so unwahrscheinlich, da Duchamp ein Streuner war, so hätten sie ihm ihr Motto umhängen können: «Man, you are either part of the problem or part of the solution.» Und der Meister hätte erwidert: «Messieurs, es gibt keine Lösung, weil es kein Problem gibt.»

An dieser Stelle tritt der musische Opa vor den Vorhang. Recht so, sagt er zum Urenkel, mach weiter «äs bitzeli Sache». Egal, was die Betriebsführer sagen.

Marcel Duchamps Ruhm blieb nur an Häppchen seines Werks und Wirkens haften, etwa den Ready-mades, zum Beispiel einem Kamm, den er zum Kunstobjekt erklärte, oder dem Flaschenständer, der nach Duchamps Handauflegung mehr als ein Flaschenständer war, nämlich die Idee des Flaschenständers. Ausserdem ist Duchamp jener erste Schmierfink der Kunstgeschichte, der 1919 Leonardos Mona Lisa einen Schnauz anmalte (natürlich nicht dem Original, sonst wäre er jetzt nur berüchtigt). Der vollständige Duchamp'sche Kunstleib hat sich als Gerücht verflüchtigt. Anfang der 1950er Jahre duckte sich das Gerücht in eine grüne Schachtel und ging zwischen Bern, Paris und Zürich um. Die Schachtel wurde zum Geheimtipp der Nouveaux Réalistes im Kreis von Tinguely, Daniel Spoerri, André Thomkins und Dieter Roth. Es hiess, sie enthalte den Code zum grossen Glas, Duchamps Hauptwerk mit dem seltsamen Titel «La Mariée mise à nu par ses célibataires, même», die Braut von ihren Junggesellen nackt entblösst, sogar. Es handelt sich um ein hochkompliziertes Filigrangebilde, Maschinenteilen nachgebildet – unter Verwendung einer echten Schokoladenmühle –, die in ein mannshohes Glas eingegossen waren. Dann taucht das Gerücht in Zürich wieder auf. Dort erscheint es als Kompendium von Schriften und erinnert im Voraus an Arno Schmidts «Zettels Traum». Vierzehn Jahre nach Marcel Duchamps Tod hat sich Duchamps Inselreich zu einem schlanken Buchkoloss kristallisiert, in dem sich Legende und Bedeutungsschwere in kühler Eleganz lichten. Serge Stauffer, der Herausgeber und Übersetzer der Schriften, und Peter Zimmermann, der Grafiker und Mitgestalter, haben in monatelanger Handarbeit ein typografisches Kunstwerk hervorgebracht. Darin fügt sich der Archipel von Zetteln, Notizen, Fetzen, Skizzen, Studien und Diagrammen zu einer geschlossenen Einheit.

Es handelt sich um den ersten Band der gesammelten Schriften, und er enthält als Hauptsache den Inhalt der grünen Schachtel.

Erster Anlauf

Marcel Duchamp als Thema

Es ist schwerer, über einen unbekannten Grossen zu berichten als über einen grossen Unbekannten: Was wäre von einem Duchamp, dem Erfinder der Anti-Kunst, dem kleinen Urknall der Avantgarde des letzten Jahrhunderts, noch zu rapportieren für ein allgemeines Publikum? Was soll jetzt diese schriftliche Nachlese zum ersten «Macher» in der Kunst, wo das Machen von Kunst längst üblich und legitim geworden ist? Diesen philosophischen Trödel des vielleicht letzten Individualgenies einer bürgerlich-bohèmehaften Kunstära zu entziffern, das scheint ein einsames Unternehmen. Was brauchen wir noch einen Duchamp, wo wir einen Thomas Hirschhorn haben? Stauffer: wir brauchen ihn umso mehr. Ein Duchamp-Besessener, im Übrigen ein Stiller im Lande, schürfte diese Frage so lange, bis sie zeitlos geworden war.

Serge Stauffer und sein Duchamp-Unternehmen kommen aus den 1950er und gloriosen 1960er Jahren herüber, die nun einmal die Jahrzehnte des Aufbruchs, der Ideen und Programme gewesen sind, es ist die Zeit, als wieder einmal alles anfing, als Nitsch schlachtete und Christo verpackte, als Andy Warhol sagte: «Ich bin der Grösste», und Harald Szeemann in Bern dafür sorgte, dass Attitüden Form wurden, und die Kunst als sinnliche Erfahrung bis in die Konsumwelt hinunterstieg. Als Pop und Op, als Ess- und Land-Art, als Konzept, Happening und Aktionismus – die Lebenslieblust und Geste als die Kunst des Möglichen für alle. In diesem

Geist gründeten Serge und Doris Stauffer damals zusammen mit Peter Jenny und Hansjörg Mattmüller die F&F (Form&Farbe) als Dissidentin und Antipode der Zürcher Kunstgewerbeschule. Das ist lange her, aber in meinem Gedächtnis Gegenwart geblieben.

Entfernt kenne ich diesen Stauffer als einen ruhigen untersetzten Mann, aus dessen Gesicht plötzlich der Sarkasmus klickt wie das Signal, dass er noch nicht aufgegeben hat, mit einer Art freundlichem Anarchismus gegen die Verbeamtung der Kunst rundherum zu leben, ein wissender, moderner Mensch, der niemals modisch war, keine Konzessionen an irgendein mondänes Szenegeschwätz machte, sondern spontan Sympathie zeigt, wo etwas aus dem Laufenden aufbricht. Meine Bedenken gegen Duchamp als Thema müssen ihn verdriessen, es ärgert ihn überhaupt, wenn offiziöse Meinungsinhaber so tun, als sei Duchamp überholt. Der Basler Kunsthalle-Direktor Franz Meyer sagt dem Unternehmen zu jener Zeit Verspätung nach. (Zwanzig Jahre danach stehen wir 2002 in der Duchamp-Ausstellung im Tinguely-Museum, Basel, und blicken auf ein Werk so frisch wie nie gesehen.) «Die spielerische Leichtigkeit, das Französische, das eben mehr als ésprit ist, hat man hierzulande nie verstanden», meint Stauffer, «weil man dem Geist nichts Sinnliches, kein Vergnügen abgewinnen kann.» Hier, wo das Zwielichtig-Zweideutige eines Duchamp immer suspekt ist, tragen diese Schriften gewiss nicht bei zum Trend und Geschäftsgang der schönen Künste.

Freilich gibt es da noch einen anderen Einwand: Die Duchamp'schen Hieroglyphen dürften selbst ein gehobenes Kunstpublikum ins Analphabetentum stürzen. Ein Genie muss erst ein Thema werden. Ein solch esoterischer Stoff muss aus dem Kosmos der Weltkunstschreibung herausgenommen werden, damit er fasslich wird. Dem Gespräch über Duchamp ist zunächst Information voranzuschicken, eine Portion Leben und Werk.

Biografie – Montage ohne Gewähr

Marcel Duchamp wurde 1887 in Blainville, Normandie, als jüngster Sohn eines Notars in eine kunstsinnige Familie hineingeboren. Von der Mutter abgelehnt, soll er mit der Schwester ein inzestuöses Verhältnis unterhalten haben. Ein Anlass zu freudianischer Tiefenschärfe der Werk- und Lebensbetrachtung, der sich Duchamp jedoch mit einem tänzerischen und sprunghaften Lebenswandel entzieht. Die älteren Brüder finden als Maler Anklang und Eingang in die etablierten Pariser Kunstkreise, während er, der Jüngste, dort ein wenig herumgammelt und sich mit Gelegenheitsjobs durchbringt. Zum Beispiel als Bibliothekar, das mache ihn glücklich, meint er, während er von seinen kubistischen Erstlingen mit merkwürdigen Titeln wie «Yvonne und Magdeleine, zerstückelt» oder «König und Königin, von schnellen Akten umgeben» weiter kein Aufhebens macht. Er stellt in einem Bild, einem Selbstporträt, «Akt, die Treppe hinuntersteigend», zum ersten Mal die Phasen eines Bewegungsablaufs dar, was ein Skandal ist, also am traditionellen «Salon des Indépendents» refüsiert wird, wo seine älteren Brüder und Freund Gleizes jurieren. Das Bild macht dafür 1913 an der Armory Show in New York Furore, wohin Duchamp ein Jahr später emigriert, unter anderem auf der Flucht vor Vaterlandspflichten. Das Ehepaar Arensberg «adoptiert» Duchamp als eine Art Kunstclown für die New Yorker Kunstschickeria, was D. ausserordentlich geniesst: Er spielt den Dandy, ist sehr charmant, und man begegnet ihm oft, als eine Frau verkleidet, die Rrose Sélavy heisst. Dient unter anderm der

Buchhaltung eines Offiziers der Légion française, betreibt einige Monate eine Färberei und versucht anschliessend mit der Gründung einer Société anonyme in den Kunsthandel einzusteigen. Verhilft als Agent dem rumänischen Bildhauer Constantin Brancusi zu Ruhm und Verkauf. Dekoriert Schaufenster und bezahlt eine Zahnarztrechnung mit einem selbstgemachten Check. Bewundert seinen Freund Francis Picabia, weil der Opium raucht und so gut saufen kann. Entwirft Schachfiguren, schreibt ein Schachbuch und geht oft ins Hotel «Biltmore», um Lift zu fahren. Arbeitet heimlich an seinem Hauptwerk, dem grossen Glas, das er 1923 für definitiv unvollendet erklärt. Freundschaft mit seiner Gönnerin Katherine Dreyer und Liebe mit vielen Frauen. 1923 kehrt D. nach Frankreich zurück, wo er bis 1968 weiterlebt. 1927 bezieht er ein Atelier in Paris, an der Rue Larrey. Hier installiert er eine Tür, die gleichzeitig zwei Zimmer bedient, was später den Zürcher Kunstgewerbeschüler Serge Stauffer faszinieren wird. Heiratet, dem Vernehmen nach auf einen Wink Picabias, die Tochter eines Autofabrikanten für einige Monate und sitzt oft allein in der Quartierbrasserie. Lädt den Schweizer Künstler Jean Tinguely zu Schweinsfuss ein, als dieser eines Tages des Weges kommt. D. malt partout keine Auftragsbilder, nicht für eine Million. Liest Krimis und Max Stirners «Der Einzige und sein Eigentum» und befasst sich auf Anregung eines nicht näher bekannten Mathematiklehrers namens Princet mit der vierten Dimension. Setzt diese voraus, da sich die dritte Dimension nur zweidimensional reflektiert, und beschliesst, den Liebesakt als Inkarnation der vierten Dimension zu verstehen. Macht eine Serie von Scheiben, die er Rotoreliefs nennt, und begibt sich damit auf eine Erfindermesse, wo er sie auf Grammophonplatten rotieren lässt, verkauft ein einziges Stück davon. Macht eine Kunstvertreter-Mappe mit seinen Werken, lässt sie in ein paar Dutzend Exemplaren anfertigen, um sie im weiten Bekanntenkreis zum Vorzugspreis von 300 Dollar pro Stück zu verkaufen. Hans Fischli, Direktor der Zürcher Kunstgewerbeschule, erhält aus nicht näher bekannten Gründen 50 Franken Rabatt. D. erfindet die Bezeichnung «Mobiles» für die beweglichen Skulpturen des Amerikaners Alexander Calder und fährt anschliessend nach Cadaquez, um dort einen selbstgebastelten Windfang in seinem spanischen Ferienhaus zu montieren. Ist stolz darauf und setzt sich anschliessend im Schatten ans Meer, weil er die Sonne nicht mag. D. spielt gelegentlich im Kino Schach, lebt sonst zurückgezogen und findet John F. Kennedy, der unterdessen ins weltpolitische Rampenlicht getreten ist, einen «ausserordentlich netten Menschen». Später zieht D. aufs Land, mit der Amerikanerin Teeny, die er heiratete auf die Zuversicht hin, dass sie aus dem gebärfähigen Alter heraus ist. Dort spielt er mit seinem Nachbarn, dem Neutöner John Cage, leidenschaftlich Schach. Das Museum of Modern Art in New York kauft ihm ein Werk aus dem Jahre 1912 ab. 1958 ist er mit vier Bildern an der Weltausstellung in Brüssel vertreten, gefolgt von einer Zürcher Schau, die Max Bill und Serge Stauffer einrichten.

D. sagt den epochalen Satz: «Es gibt keine Lösung, weil es kein Problem gibt.» Erhält den Ehrendoktor der Humanwissenschaften von der Universität Wayne State of Detroit, USA. Und stirbt nach einem Diner, an dem der Künstlerfreund Man Ray sowie der Biograf Robert Lebel teilnehmen, zu Hause. Die Familie begräbt ihn in Rouen mit der von D. empfohlenen Grabinschrift: «Im übrigen sind es immer die anderen, die sterben». John Cage meint abschliessend: «Er hat Tag und Nacht für uns gearbeitet.» Serge

Stauffer ergänzt: «Er war ein Sucher wie selten einer. Bis er sein Glück, das grosse Glas, fand.»

Zweiter Anlauf

Mythologische Überholung des Genies

Marcel Duchamp gilt als der intellektuelle Gegenspieler zum faunisch-dionysischen Pablo Picasso. Bei näherer Betrachtung entstehen Zweifel an der Rollenverteilung der zwei Säulenheiligen der Kunstmoderne. Duchamp hat sich zunehmend für den praktischen Aspekt, für die Machbarkeit von Kunst interessiert und blieb der grosse Unbehauste in der Geistes- und Wirkungsgeschichte. Es ist denkbar, dass D. sich an den Intellektuellen rächt, indem er ihnen lebenslänglich Denksportaufgaben stellt. Das Werk Duchamps als die Kunst des Schnippchenschlagens: Den Triumph hat er allemal davongetragen und ist direkt in den Himmel des Museums gekommen, während die grossen Kollegen erst das Purgatorium des Kunsthandels erlitten, wie sich der Duchamp-Biograf Robert Lebel ausdrückt. Eigentlich hat er ausser Krimis nur ein einziges seriöses Buch wirklich gelesen, den Stirner, der damals das intellektuelle Frankreich und den Anarchismus beflügelte, berichtet Frau Picabia. Auch als Schachspieler sei er eher Spieler als Denker gewesen. Er hatte, sagt Stauffer, einen tiefen Erkenntnisdrang, war ein kultivierter Mensch, aber nicht im Sinne von Schulbildung.

Er lebt zu einer Zeit, da die Kunst noch in der gesellschaftlichen Opposition steht, wenn sie radikal ist. Die vorletzte Jahrhundertwende und ihr erstes Jahrzehnt enthält Künstler, die auf die Jahre hin die grossen alten Männer irgendeiner Schule werden, während die Umstürzler und Aufrührer früh sterben, oft durch eigene Hand, weil sie sozial nirgends unterkommen können. Es gibt noch nicht das, was man heute Gegengesellschaft nennt, die dem Aussenseiter Asyl bieten kann. Duchamp befindet sich zwar nicht im Salon, in welchem das Grossbürgertum die Kunst entschärft, indem es sie sich einverleibt, aber er verendet nicht in der Gesellschaft wie seine Geistesverwandten, Anreger wie Alfred Jarry oder Raymond Roussel, der geheime Dramatiker, sondern umgeht sie souverän als Spieler, setzt sich in die Halbwelt ab. Er setzt dem Bürgertum auch nichts Gefährliches entgegen, wenn er dessen Werte trivialisiert, ihm ein Pissoir als Kunst hinhält, Plagiate von Verehrern signiert und dazu erklärt, das Publikum mache schliesslich die Kunst. Und trage die Verantwortung dafür. Er findet Gefallen daran, wenn sich die Kunst von alleine weiterentwickelt, er schätzt zum Beispiel die durch Transport entstandenen Sprünge im grossen Glas als «Eigendynamik des Kunstwerks». Anlass zur Spekulation, dass er das Bild der Künstlertragik, das seit langem vorherrscht, ins Gegenteil verkehrt: Endlich macht die Kunst wieder Vergnügen, er ist der glückliche Bibliothekar, der nebenbei bastelt. Duchamp macht die Kunst zum Hobby, er ist der erste Hobbyaner der Kunstgeschichte, «le bricoleur» nennen ihn die Franzosen.

Freilich hat die Kunst dieses terrible Simplificateurs mehr Tiefgang, als er zugibt. Immerhin macht er zum ersten Mal eine gründliche künstlerische Analyse des Wesens Mann. Sein Schaffen könnte als eine Art Materialisierung des Oedipuskomplexes gelesen werden, nur will er das nicht wahrhaben. D. bietet sich also geradezu der modischen Psychoanalyse von Genies an: verdunkelt zu einem Fall für Alice Miller, «narzisstisch und hochgradig gestörte Persönlichkeit», «Neurotiker mit extremer Beziehungsangst», sein Leben eine einzige Flucht vor dem Verbindlichen. Nicht nur verdrückt er sich vor jeder Autorität, sondern auch vor der Generalität – über New York nach Lateinamerika bis nach Argentinien hinunter, was ihn wieder sympathisch macht. Abgelehnt von der Mutter, Inzest und dann ein Leben lang therapeutisches Ausweiden des gestörten Mannstums. Was die Welt für ein Genie hält, ist vielleicht nur der trotzige kleine Bruder von arrivierten grossen Brüdern gewesen, der auf ihre Kritik mit extremer Empfindlichkeit reagiert: mit der Aufkündigung der Malerei. Die moderne Kunst par excellence aus einem Racheakt geboren. Heimlich arbeitet er ja an seinem grossen Werk: da ist einer, der es der Welt noch zeigen wird.

Dritter Anlauf

Die Junggesellenmaschine

Über die Junggesellenmaschine berichtet die Kunstgeschichte sozusagen mit vorgehaltener Hand, denn sie ist etwas ziemlich Unanständiges: Vielleicht sogar ein Masturbationsapparat für Männer, so wurde er von erhabenen Definitionen als Kultobjekt verkleidet. Der Spezialist Michel Carrouges: Sie ist eine Phantasie, die Liebe in einen Todesmechanismus verwandelt. Dieses Medium der männlichen Sexualität kommt manchmal als lustig-deftiges Spielzeug vor, etwa bei Dürers Perspektivstudie, 1525, mit einem Vorläufer des Stützlisex (ein Männchen zeichnet, durch ein Loch in einem Gitter blickend, eine nackte Frau ab), dann wieder erscheint sie als bestialischer Selbstzerstörungsmechanismus – etwa in Kafkas Erzählung «Die Strafkolonie», dessen Foltermaschine auch schon als Junggesellenmaschine gedeutet worden ist. Duchamp lässt seine «Braut, von ihren Junggesellen nackt entblösst, sogar» zu einem klinischen Altar der Sexualtechnologie gefrieren, von dem Stauffer halt gern hätte, er sei satirisch aufs Patriarchat «gemünzt».

Die «Junggesellenmaschine» ist ein dreidimensionaler Raum, auf die Glasoberfläche projiziert. Sie wird von zwei Kräften angetrieben: erstens dem «Leuchtgas», zweitens dem «Wasserfall» (das Material besteht aus Ölfarbe, Lack, Bleifolie, Bleidraht und Staub zwischen Glas, Höhe: 227 cm, Breite 176 cm, Tiefe 10 cm). Sie gliedert sich in zwei Teile, in die Domäne der «Braut», oben, und das Männerabteil, unten, die eigentliche «Junggesellenmaschine». Die «Braut» sieht aus wie ein geschrumpfter Zeppelin. Sie heisst Milchstrasse und ist von drei Quadraten, den «Durchzugskolben», ausgehöhlt. Aus ihr hängt ein Gebilde heraus, das «Skelett», das unter anderem das «Liebesbenzin» speichert, welches von der Schüchternheit der Braut gebildet wird. Die Junggesellenmaschine selbst besteht aus einer altmodischen Schokoladenmühle, die über zwei gekreuzte Stangen die «Schere» bildet, verbunden mit dem vom Wasserrad betriebenen Schienengleis. Im Hintergrund stehen die neun «männischen Gussformen», die mit ihren Namen wie Lakai, Kürassier, Gendarm, Piccolo usw. den Uniformkult verhöhnen. Sie werden angeregt vom Motto «Der Junggeselle reibt seine Schokolade selber». Das Leuchtgas ändert seinen Aggregatszustand von fest zu flüssig und fährt über die sieben trichterförmigen Haarsiebe in den Junggesellen ein. In der Sterilität der Materie und Zerbrechlichkeit der Symbolik ist das ein teuflisch Ding. Das muss es ungefähr sein: das Eingeständnis der Bedrängnis und Gefangenschaft in diesem Glas, die gewisse Zärtlichkeit für die Naturkatastrophe der Sexualität. Und was entsteht, wird mit dem Wort Poesie semantisch entschärft, für die Kunstgeschichte. Für uns Fussgängerinnen der Kunst ist es gefährlicher, das grosse Glas. Es könnte auch die Frauenzukunft der Genforschung symbolisieren, es hat mit seinen Anweisungen Modellcharakter für Mächte, die klein in den Labors anfangen und wachsen. Aber das weiss Duchamp noch nicht, nur wir ahnen es dumpf. Goethes Faust hätte sich bestimmt für die Junggesellenmaschine interessiert. Die radikalfeministische Deutung müsste wohl aus dem männlich militarisierten Part (die Kürassiere, die Gendarmen …) die sexuelle Mechanik als mögliche Folter herauslesen. Und da lässt sich leicht das Trauma des Inzestes herbeireden, das Duchamp zum Wandler zwischen den Geschlechtern macht. Vielleicht ist seine Maskerade als Rrose Sélavy eine Sehnsuchtsgeste, den weiblichen Part zu spielen, mehr noch, ihn zu verkörpern. Er ist der erste Transvestit der modernen Kunstgeschichte, an der Grenze der Transsexualität. Er sucht in der Verkleidung die Anverwandlung des anderen Geschlechts.

Vierter Alauf

Transport des Genies nach Seebach und daselbst Gespräch über Duchamp als Hausgott

Duchamp in Seebach, das hat schon etwas Absurdes, wenn einem einfällt, dass er, wenn auch absichtslos, der eigentliche Animator der Kunstmetropole New York gewesen ist. Die Weltstadt des Ereignisses war vor 1918, als Duchamp mit seinem «Akt, eine Treppe herabsteigend» als ein skandalumwittertes Genie ankam, eine Provinz der Peinture von höchstens regionaler Bedeutung. Seebach, stelle ich fest, hat er offensichtlich nicht verändern können, aber gewiss die Familie Stauffer, die, in meiner Vorstellung, mit der Junggesellenmaschine, oder vielmehr deren Fluch, über

Tisch und Bett gewohnt hat. Ich denke mir das bildlich, wie der infernalische Apparat des grossen Glases über dieser Ehe tickt, ein arrangiertes Dreiecksverhältnis mit Duchamp kann das nicht gewesen sein. Sie, die Frau, ist bekannt als Feministin, und er, erfahre ich, hat schon Männergruppen geleitet. Hat ihn dieser Duchamp zum neuen Mann gemacht?

Einen starken Lebensgeruch haben alle Dinge, der in Jahren abgelagerte Krimskrams, im Hause Stauffer: Hier wird direkt gelebt, unmittelbar. In Stauffers Arbeitszimmer steht mächtig der Composer, der Heimcomputer, mit dem er eben diese Schriften gesetzt hat. Man spürt, der Mann hat seinen geistigen Vater nicht bloss intellektuell, sondern ganz körperlich verdaut. Der Raum, in dem Stauffer «das Junggesellische in sich gespürt», gekurt und jetzt vielleicht abgebaut hat – er weiss das nicht so genau –, ist sehr spartanisch; er hat etwas von einer Mönchsklause an sich. Auf dem Arbeitstisch muss wohl lange Zeit die grüne Schachtel gelegen haben, die er vor 25 Jahren von Meret Oppenheim geborgt und die dann seinen Stoff gekeltert hat: die Schriften.

Die grüne Schachtel

Die Papierfetzen in der grünen Schachtel, die Duchamp 1934 mit 94 Fotodokumenten seiner Arbeiten in 300 Exemplaren drucken liess, wären düster anzuschauen, wie Prüfungen in Geometrie, hätte nicht ihr Macher ihren Ernst mit Tinte, Farbstift und Erläuterungen hintertrieben, durchkreuzt mit Skepsis. Duchamp sucht hier nach dem geometrischen Ort der vierten Dimension, und wenn er sich die künstlerische Form davon im Liebesakt verewigt denkt, dann fällt das schwer. Es gilt eine Gleichung mit zwei fast Unbekannten aufzustellen: Freud und vielleicht Einstein – das wäre ihm allerdings ein Vergnügen, in seiner tückischen Absicht, die exakte Seite der Welt ins Chaos zu stürzen, die «Wissenschaft» durch Kunst in Verruf zu bringen. Er trennt in diesen Notizen alles, was seit Adam Riese offiziell zusammenpasst: die Sprache vom Inhalt, den Titel vom Text, die Bedeutung vom Gegenstand. Als Vorläufer der Konzeptkunst entdeckt Duchamp die Sprache als Medium der bildenden Kunst. Er hat lange vor den Sprachphilosophen an der Vermittlungskraft des Abc gezweifelt. Er demontiert die Sprache, seziert sie und konstatiert, dass sie nichts Verbindlicheres sagen kann als: «Der Kaffee ist schwarz.»

Der Inhalt ist mehr als die Bedienungsanleitung zur Junggesellenmaschine, sie ist eine Art Kunstlinguistik, die in der Technik ein Herzstück von Poesie sucht. «Stoppagen», «Rotoreliefs», «Staubzucht» – alles Liebeserklärungen der Poesie an die Technik, in verschiedenen Anredeformeln ausprobiert. Botschaften aus der Tiefe der Schachtel, etwa «Les môules maliques», eine Wortschöpfung, hat Stauffer frei übertragen in «männische Gussformen». Les moûles, das kann Modell, Muschel bedeuten, mit einer Prise malice (Boshaftigkeit) des englischen male (männl.) vermengt. Wortspiele, die auf Deutsch keinen Witz abgeben, hat Stauffer kommentiert: Marchand du Sel, Marcel Duchamp – also «Salzhändler», gibt das nichts her? «Ich habe kein Werk aus dem Französischen übersetzt», meint Stauffer, «ich verdaute durch Übersetzung.»

Die grüne Schachtel füllt Duchamp acht Jahre lang mit Projekten (1912–1920), um sie dann eines Tages zu reproduzieren und wie einen Versandhauskatalog geschäftsmässig zu vertreiben. Die

Kunst ist nun ein Zugeständnis ans und zugleich die Ironie des Geschäfts, des väterlichen Notariats in Rouen, indem er die Akten des Vaters durcheinanderbringt und zitiert als Testament der Bürokratie. Inspiriert hat ihn dazu Raymond Roussels Stück «L'Impression d'Afrique», das manches, was bis anhin in der Literatur verbindlich gewesen war, hinter sich lässt. Mit dieser grünen Schachtel ist das so gekommen: André Thomkins hat seinen Schulfreund Stauffer auf Duchamp aufmerksam gemacht, als sie 19-jährige Kunstgewerbeschüler waren, begierig auf ihre Initiation in die Welt der Kunst. Eines Tages entdeckt Stauffer, Sohn eines Kellners und einer Hotelgouvernante aus Luzern (das sei wichtig, meint die Frau), im Schaufenster einer Buchhandlung eine äusserst seltsame Bildreproduktion. Der merkwürdige Titel (wir erinnern uns: «La Mariée mise à nu par ses célibataires, même») frass sich in sein Gehirn. Fortan ist er fasziniert von Marcel Duchamp. Männer sollten sich einmal auf ihre Mütter statt auf ihre Künstlerväter besinnen, sagt die Frau, die keine rechte Hand ist, sondern Mitstreiterin und Kontrahentin.

Von der Malerin Meret Oppenheim erhält Stauffer die grüne Schachtel, merkt aber bald: übersetzen kann man das nicht. Es gibt keinen Schlüssel zu den halbwissenschaftlichen Kartenhäusern dieser Papiere, sie zerfliessen unter den Experimenten, die man mit ihnen anstellen will. Sie sind Versuchsanordnung, aber wofür? Und wozu? Stauffer hat ein paar Semester Mathematik studiert, er muss die Formel finden, die hinter Duchamps Liebe zur Geometrie steckt. Er schreibt ihm, stellt Fragen über Fragen und erhält Antworten, postwendend und lakonisch. Ab 1957 beginnt ein Briefwechsel Stauffer/Duchamp, der sich zu einem Vexier- und Ratespiel zweier Männer entwickelt, die in ihrem Mannsein ambivalent sind, der eine hat niemals heiraten wollen und der andere ist ein feministisch herausgeforderter Ehemann und Familienvater. Erst sind das Lehrer-Schüler-Gespräche, auf fast klassischer Ebene, indem der Schüler den Respekt zum Lehrer wahrt. Dann ist es eine verunsicherte Sympathiekundgebung in Raten: Der Jüngere fürchtet dauernd, den Älteren, Weltberühmten, von dem es heisst, er hätte die Kunst aufgegeben, zu belästigen. Gegen einen Wahlvater rebelliert man nicht: «Ich wollte, dass er gut ist.» Duchamps geistreich verkappte Antworten zu Fragen rund um die Junggesellenmaschine, aus New York, aus Neuilly, aus Cadaquez, aus Paris gekabelt, sind Barrikaden gegen jede Psychologisierung. Das wäre das Naheliegende, das Wohlfeile der Zeit, alles der Psychologie zu überlassen. Aber das will der eigensinnige Stauffer auf keinen Fall. Er ist selber Künstler genug, um die Kunst als Kunst legitimieren zu wollen. Er gibt für ein paar Jahre auf. Er wohnt jetzt in einem Einfamilienhaus, ist Vater von drei Kindern und muss Geld verdienen. Eines Tages holt er zur letzten Runde aus. Er schickt einen Fragebogen an Duchamp mit hundert Fragen nach den grossen und letzten Dingen im Duchamp'schen Kunstlabor. Für die Antworten spart er vorsorglich Linien aus. «Verehrter Monsieur, welches ist Ihrer Ansicht nach der Sinn des Lebens, was bedeutet Ihnen die Erotik? Gibt es ein Mittel, Sie darüber zum Reden zu bringen? Ich bin vierzig Jahre jünger als Sie und habe das Gefühl, mich einer Vendetta zu unterziehen, wenn ich mich Zahn um Zahn in diesem Räderwerk mit Ihnen aufspüre.»

Er weiss, dass er keine schlüssige Antwort bekommen wird, ausser eben: «Lieber Stauffer, die Erotik ist nicht die einzige ernsthafte Angelegenheit, aber sie ist die einzig ernsthafte, die mich interessiert. Haben Sie übrigens schon je zu lachen versucht, während Sie Liebe machten? Im übrigen genügt mir die Definition aus dem Lexikon.»

Die gelegentlichen Anflüge von Wut über diese Jahrhundertknacknuss M. D. versickern wieder in Bewunderung für einen souveränen Mann, der es sich leisten kann, meistens «ich weiss nicht» zu sagen, wenn ihn die Biographen, die hinter ihm her sind, mit Bedeutungsballast aufladen wollen und doch nur geschwätzige Umkreisungen fabrizieren. Distanz als Methode und Haltung imponiert Stauffer, der nicht zu einem Orakel der Rezeption werden will, er will sich als ein Chronist verstehen, dem die Nacherzählung von Anekdotischem als die angemessene Duchamp-Vermittlung erscheint.

Vielleicht liegt darin auch eine Ernüchterung durch die einzige persönliche Begegnung mit dem Meister, die er so lang, so dringend erdauert hat. 1960 im Pariser Restaurant hat sich Duchamp als charmanter Causeur gezeigt, der viel und höflich und unverbindlich um die Kunst herum parliert hat. Um heute modern zu sein, meinte er, müsse man eben wie die Russen malen, realistisch. So ist das gegangen, während der Meister sich mit grossem Interesse dem Aufknacken von Austern widmete. Stauffer weiss: Er darf nicht erwarten, dass diese Begegnung für Duchamp so wichtig ist wie für ihn, er findet ja auch manchmal, der Mann sei bloss ein Scheissbürger, der sich als Existenzialist gebärde und dann wieder bloss als clownesker Balanceur der Existenz, obschon er eigentlich bequem dahinlebe. Sein Bild von Duchamp bestätigt sich in der Enttäuschung: ausgerechnet das Unverbindliche ist das Typische. Das Widersprüchliche ist das Grundsätzliche, das Provisorium ist definitiv.

Fünfter Alauf

Die Ménage à trois

Doris Stauffer ist, ich weiss, nicht gerade das, was man «die Frau an seiner Seite» nennt. Als ich ankomme im Zürcher Vorort Seebach, steht sie gleich unter der Tür, gross, die helle Lockenmähne jetzt mit Silberfäden durchsetzt. Sie überragt ihren Mann an Körpergrösse, noch in der saloppen Haltung, die sie vorgibt, ein Amüsement angedeutet in Mund- und Augenwinkeln, die Hände in den Hosentaschen vergraben. Sie hält mir als launige Empfehlung gleich selbst die erste Interviewfrage entgegen: «Frau Stauffer, wie ist das, mit einem Mann zu leben, der Duchamp persönlich gekannt hat?» Ich ziehe es vor, auf ihre Provokation nicht einzugehen, das Gespräch wird noch brisant genug werden, sodass sie fortfährt: «Dieser Duchamp ist ja ein sanfter Repräsentant der Männerkultur, ich finde seine Sachen ganz munter, er gefällt mir in seinem flippigen Irrationalismus, in seiner Respektlosigkeit – aber eigentlich müsste ich dir sagen: Diese ganze so genannte Kunstrezeption, die lass beiseite. Ich müsste sagen: Duchamp? Ganz nett, aber interessiert mich nicht. Als Typ finde ich ihn jedoch nicht unsympathisch.»

Solche kategorischen Sätze müssen eine lange Geschichte haben. Sie hat als junge Fotografin und Ehefrau gemerkt, dass Frauen überhaupt nicht angesprochen sind in diesem männerbündischen Zwiegespräch namens Kunst, das ihr Mann mit Duchamp führt und das sich in der Kunstgeschichte bloss in der männlichen Erbfolge überträgt. Ihre Emanzipation bestand in der Entwicklung eines selbstbewussten Desinteresses, aus dem dann ihre eigene Welt entstand. In der Frauen-Werkstatt erfand sie Hexen-Kurse zur Förderung des weiblichen Junggesellentums.

Natürlich hat sie manchmal in Büchern über Duchamp gestöbert, selbstverständlich hat sie gelegentlich in die Schachtel geschaut, die magischen Zettel betrachtet und zeigt jetzt eine erstaunliche Sachkenntnis: für dumm halten soll ich sie nicht. Abgestaubt hat die «Frau an seiner Seite» die Schachtel selbstverständlich nicht. Schon aus Prinzip nicht. Sie findet Vergnügen an der Vorstellung, dass eine Putzfrau sich hinter Duchamps Werk «Staubzucht» macht; wenn jemand jemanden anstellt, um sich aus seinem eigenen Dreck davonzustehlen, dann soll er sich nicht wundern, wenn so ein Zettel, dessen Genialität der Normalblick ja nicht sofort erkennt, in den Papierkorb wandert. Ihre Emanzipationsvorstellung, so dämmert mir, wünscht sich die Aufhebung der Werte, denkt das Grosse klein und das Kleine gross. Deshalb gefällt ihr Duchamp, weil er im Grunde das diffuse Alltagsgefühl eines Frauenlebens ausdrückt und den ungelebten Teil der Männerwelt aufscheucht, die dann als Offenbarung empfindet, was für Frauen das Gegebene ist. Der Frauenstandpunkt als die Umkehrung der offiziellen Sicht, Duchamp als der Alltagskünstler, als Installateur des Üblichen und die Normalkunst als das Absurde.

Duchamps Frauenbild. Das Gespräch wird zum Streitgespräch, in den Frauenstandpunkt vorrückend

Duchamps Frauen sind «Bräute», «Witwen», «Neuvermählte» und «Königinnen». Wenn sie einmal Eigennamen tragen, sind sie als Person «zerstückelt» wie Marie und Madeleine. Dann macht der Meister verschiedene frivole Sachen mit der Frau, Keuschheitsecken, Bruststreuer, eine spendet Salz und die andere Pfeffer, hat Tinguely behauptet. Sie erscheint im Übrigen meistens als Innerei oder in lüsternen Ausschnitten, als Lust-Torso. Sein letztes Bild ist nicht nur historisch gesehen das letzte: ein anatomisch verpfuschtes, wüstes, zur Bedienung hingepflanztes Frauengenitalstück, ein hermaphroditisch vermasselter Vulgärporno. In Theweleits «Männerphantasien», einer Untersuchung und Dokumentation erotischer Machtgelüste, findet sich eine fotografische Vorlage zu diesem Bild. Nur: diesmal hat die Phantasie der Realität vorgegriffen. Die von ihren Junggesellen entblösste Braut wird nicht einmal richtig entjungfert, sie ist nur Onaniervorlage. Eine Imago einer autoerotischen Mediation, wenns eine gewähltere Formulierung sein darf. Was uns jetzt, wo wir Partei sind, nicht mehr nötig scheint.

Das wäre gegen ihn vorzubringen: Duchamp spricht von Frauen, wenn überhaupt, abschätzig. Neu: er lebt monoman in einer Junggesellenwelt und sein Transvestitentum kann man ebenso gut als Liebe zum Milieu interpretieren, das er sonst nicht hätte betreten können. Dann lächelt er sich aufs Alter hin noch rechtzeitig eine Ehefrau an, die ihn Darling nennt. Natürlich ist das eine Junge, die ihn genügend bewundert und dabei bloss einen Vornamen trägt: Teeny aus USA. Und der Liebesakt, die Entdeckung der vierten Dimension? Ist das nicht grossartig genug? Darauf sind nicht einmal die Surrealisten in ihren Gesprächen über Sex und Erotik gekommen. Duchamps Aussage dazu lautet wörtlich: «Die Umschliessung eines Objekts kommt der vierdimensionalen Empfindung am nächsten.» Und das Wort Objekt ist dann Nahrung genug für den sexistischen Index. Überhaupt, er war gar nicht der angebliche Kumpel und wahre Freund der Frauen, als die sich die Homosexuellen heutzutage anbieten, er war berechnend, denn auf die Freundin, Katherine Dreyer in Philadelphia, die Stauffer eine Feministin nennt, war er angewiesen, schliesslich war sie als Mäzenin und Förderin die einzige Geldquelle. Und hat nicht Duchamp abgelehnt, mit Stauffer über so etwas wie eine Frauenfrage zu diskutieren?

«Es gibt», sagt er, sichtlich verärgert über meinen plötzlichen feministischen Impetus, «wenig Anlass in Duchamps Biographie, um ihn zum Macho zu stempeln. Ich denke da an ein frühes, ein bescheidenes, aber aussagekräftiges Bild. Es heisst «Schachpartie» und zeigt die Frauen, gross und autonom im Vordergrund, jede mit sich selbst beschäftigt, während die Männer, klein im Hintergrund versammelt, Vereinswesen sind.» Und wenn mir das noch nicht genügen sollte: In den frühen 1920er Jahren, in Duchamps Generation, erschöpfte sich das Thema Frau künstlerisch im Klischee von Maler und Modell, über das Picasso zeitlebens nicht hinausgekommen sei. Es herrscht, sagt Stauffer enragiert, ein kühles Mätressenklima in jener Zeit, und Man Ray male seine Frau als Kniegeige. Und da kommt einer und legt sein Männerverhängnis auf den Operationstisch der Kunst, bricht das Tabu der (männlichen) Sexualität, indem er sie chirurgisch freilegt bis in die niedrigste Schlüssellochebene hinab, das ist eine avantgardistische Leistung, das bedeutet die «grossartige Vision des Männersalats». Sagt Stauffer, und würde triumphierend wirken, wenn das seinem Naturell nicht widerspräche. Das Argument genügt mir noch nicht, und ich frage mich, inwieweit Eros bei Duchamp eine Autopoetik war. Erst viele Jahre später hat die Kunstwelt von einer letzten Liebesaffäre erfahren, der eine Tochter entsprungen sei. Sie war geheim gehalten worden, die Gründe brauchen wir nicht zu erörtern, sie entsprechen der landläufigen Doppelmoral, die in seinem Fall wohl ganz existenziell geworden war. Die Braut, entblösst von ihrem Junggesellen, war eine Mexikanerin, er soll sie glühend geliebt haben, geht der Rumor. Doch nichts ist so wenig zuständig in Liebesdingen wie er. So erwies sich Duchamp posthum als der Vollstrecker der Üblichkeit im bürgerlichen Patriarchat, das er wohl als Künstler, aber nicht als Mann durchbrochen hat, mit Ehefrau, Gönnerin und heimlicher Geliebter. Dass er eine Passion in späten Jahren fand und gelebt hat, das erfreut das Herz zweier unorthodoxer Feministinnen, wie wir uns zu nennen pflegen. Dass er dieser Liebe, der dem Vernehmen nach einzig erfüllten, Gestalt gegeben, sie transparent gemacht hätte, als eine neue Version des grossen Glases, das ist ein frommer Wunsch geblieben, von Frau Stauffer und mir.

Sechster Anlauf

These vom Männlichen in der Kunst und dessen Fortpflanzung

Männer benutzen die Kunst als Überbau zur Auseinandersetzung mit sich selbst. Sie orientieren sich am Werk von andern Männern und heben sich gegenseitig aufs Podest, weil sie erziehungshalber nicht direkt auf sich selber kommen dürfen. Was sie für ein Vorbild halten, sei das ein Michelangelo oder eben ein Marcel Duchamp, ist im Grunde ein Medium, das sich durch Zellteilung fortpflanzt in der Kunst: Einer gibt die Bedeutung an den nächsten weiter, wobei alle eigentlich sich selber meinen. Daraus folgt, dass das Bedeutende sich verselbständigt: Der Künstler ist nur eine gewisse Zeit lang sein Träger. Das Bedeutende kann alles sein («Er hätte auch Eisenbahnen sammeln können», meint Doris, Ehefrau von Serge), denn es wird durch die Ausschliesslichkeit und den Aufwand der Zuwendung bedeutend, es ist aber selten oder nie, wie die Erfahrung zeigt, das Weibliche. Künstler inspirieren nicht (wie Frauen als Musen) das

Bedeutende, sie eignen es sich an, indem sie sich mit ihm beschäftigen, indem es sie absorbiert. Duchamp, der den geistigen Diebstahl geradezu empfahl, ist deshalb gleichzeitig der Bewusstmacher und Stammvater dieser Kunstgenealogie. Um selber wesentlich zu werden, müssen die Erben des Bedeutenden, wenn sie vom Erblasser empfangen, sich gleichzeitig von ihm abgrenzen. So haben sich die Popkünstler, die in direkter Linie mit Duchamp verwandt sind, noch halbwegs, aber ungern zu ihm bekannt, dem «Soft Typewriter» von Claes Oldenburg stand er allzu offensichtlich Pate. Aber schon ein Tinguely fand ihn nicht mehr zeitgemäss, nachdem Duchamp als Dynamo in seinen Maschinen rotierte. Ben Vautier gab Duchamp mit einer Geste den Laufpass: indem er sich als erste lebende Schaufensterpuppe ausstellte. Beuys wiederum war schon berühmt genug, um sich leisten zu können, dem Ahnen seine Fettecken zu widmen. Allerdings versah er sie mit einem Satz, der uns wie ein Grabeshauch anweht: «Das Schweigen von Marcel Duchamp wird überbewertet.» An der Premiere von Alex Sadkowskys «Koffer-Readymades» dachte schon niemand mehr an den Vorläufer. Die Ahnen der Kunstgeneaologie sind immer männlich, denn die Kunstgeschichte hat nur Stammhalter. Duchamp ist das Sperma der Selbstdarsteller in der Kunst, das in direkter Linie Andy Warhol befruchtete, von da weitläufig herumschwamm und in der Schweiz etwa zu Urs Lüthy gelangte, von dem es, fortwährend Kunst zeugend, bis auf die Galerie Hauser & Wirth kam. (Hauser & Wirth gibt es bald in jedem europäischen Land, und wenn nicht, dann heissen sie bloss ein bisschen anders.) Nun müsste der Name Urs Fischer fallen, den vorgestern noch niemand kannte und übermorgen niemand mehr kennen wird: der Kunst-

Rambo als Senkrechtstarter, das tätowierte Saisongenie, eine Kurzzeitgrösse.

Und was ist mit den anerkannten Künstlerinnen? Meret Oppenheim wäre niemals weltberühmt geworden, ohne vorher «das Meretlein», das Maskottchen der Surrealisten gewesen zu sein; sie hat erst einmal als Fotomodell für Man Ray posiert. Nach ihrem Abschied von der Männerkunst blieb sie lange allein, um nicht zu sagen, auf der Strecke. So spielt der gesellschaftliche Faktor im Fall von ranghohen Künstlerinnen immer mit, ungleich mehr als bei ihren Kollegen. Eine Pipilotti Rist travestiert ihn geradezu, indem sie einmal als uniformierte Billetteuse, ein andermal als blauhaariger Vamp auftritt. Sie wäre ohne die Unterstützung ihrer Family längst nicht so weit gekommen. «Wissen Sie», sagte Louise Bourgeois einmal zu einem Journalisten, «ich konnte erst richtig zu arbeiten anfangen, als mein Mann, ein bekannter Kunstkritiker, gestorben war. Da war ich schon weit über siebzig.» Auch Maria Lassnig, die Einzelgängerin aus Wien, wurde erst im hohen Alter richtig entdeckt.

Sind denn arrivierte Künstler heute nicht Stars, gleichviel ob männlich oder weiblich? Sie sind es als Zeitgenossinnen, so lange der Betrieb von ihnen lebt. Sie sind Partnerinnen, oder Freundinnen, die nun auch dürfen, etwa Silvie Fleury mit John Armleder, oder Jeanne-Claude, die sich an der Seite Christos bemerkbar macht, wie auch Frau Claes Oldenbourg, deren Eigenname mir bezeichnenderweise nicht einfällt. Sie sind die Musen des Bedeutenden und gehen bestenfalls als Muse mit Werk in den Kanon der Kunstgeschichte ein. Zweifellos haben Künstlerinnen aufgeholt, sie sind keine Ausnahmeerscheinungen mehr, aber ohne den sozialen Kontext, der sie motiviert und fördert, nicht denkbar.

Dabei spielte auch die Gay-Lesbian-Bewegung mit, die Ära, da Künstlerinnen aus Frauengruppen hervortraten, etwa die Videokünstlerinnen um Ulrike Rosenbach, oder Judy Chicago mit ihrem «Dinner Table», wer kennt sie noch? Eben. Und was ist mit Cindy Sherman, Rebecca Horn, Katharina Fritsch, Rachel Whiteread, Mona Hatoum, Künstlerinnen von internationaler Bedeutung? Sie haben sie heute und wahrscheinlich noch morgen, aber werden sie bleiben? Das entscheiden wiederum die Mentoren, die Manager, die Ausstellungsmacher, die Sammler. Hinter jeder weiblichen Weltbedeutung steht ein männlicher Macher. Das ist eine These, die sich erst in ein paar Jahrzehnten verifizieren lässt. Doch ist die Vorgeschichte lange genug, um sie zu rechtfertigen. Warum sollte die Gleichstellung, wenn sie überall auf der Welt wieder abgebaut wird, sofern sie überhaupt vollzogen wurde, ausgerechnet in der Kunst reüssieren?

Ein Mann denkt sich ohne die Frau. Sie denkt sich nicht ohne den Mann: Simone de Beauvoir, Kronzeugin im Umgang mit Genies, stützt unsere These, die jetzt bereits wieder nachgiebig wird. Die Fakten klagen den Mann Duchamp an, das Gefühl spricht ihn schon wieder frei: Wo das Patriarchat in Schwarz-Weiss- und Entweder-Oder-Kategorien denkt, da denkt er farbig, assoziativ und geradezu unlogisch, bringt also Eigenschaften, die sonst als Makel den Frauen unterstellt werden, als Qualitäten der Kunst zum Leuchten.

Siebter Anlauf

Vermächtnis des Genies fürs Heute

«Es gibt kein Problem, weil es keine Lösung gibt.» Das ist die Antwort auf die Frage, die niemand mehr stellt. (Was ist das eigentlich, diese Kunst?) Wenn Gattungen ineinander verfliessen und alles in allem aufgeht, entfällt auch der Begriff, aus dem das meiste an zeitgenössischer Kunst hervorgeht. (Das wäre in unserm Fall die Konzeptkunst.) Aus dieser Sicht müsste man die aktuellen Kunsthalle-Erscheinungen als Verkörperung von Redundanz bezeichnen, Weil sie nicht die Fortführung und Formfindung der Idee sind, sondern Repetition. Und weil niemand gern zugibt, dass die Kunst heute von Machern gemacht wird, wobei Künstler und Künstlerin ein Faktor unter vielen innerhalb eines wirtschaftsverzahnten Gefüges sind, das man im Bereich Kulturbusiness managen kann. Was aus den Bewegungen kam, etwa Informel, Fluxus Happening, Camp, kann weiterhin unter Aktionskunst laufen und beliebig fortgesetzt werden, es ist schon als Gattung, sprich Performance, eine Treibhausblüte, die ohne Strom, sprich Finanzen, rasch dahinwelkt.

Kunst ist der Anlass, nicht der Inhalt dessen, was die Gesellschaft neben den Börsengeschäften und Kriegen noch umtreibt. Wie bitte? Es gibt kein Problem, weil es keine Lösung gibt. Marcel Duchamp, the founding father, lächelt im Grab. Zur Entlastung der eisernen Tüchtigkeit, die im Kunstbusiness herrscht, tritt nun hie und da ein Denker als Pausenclown auf und unterhält das gemischte Publikum, etwa das russische Betriebsoriginal namens Boris Groys oder das genial aus Freiburg im Breisgau pustende Blendwerkgebläse namens Klaus Theweleit. Sie bilden den Überbau zu einem myriadischen Vermächtnis, das Marcel Duchamp heisst. Die zwei Erwähnten sind sich, im Unterschied zu den Machern, dessen bewusst.

Nachweis

Das Porträt von Martin Walser ist eine Erstveröffentlichung. Die Aufsätze zu Max Frisch und Susan Sontag sind in der «WochenZeitung», Zürich, erschienen, die Reportage über Marcel Duchamp im «Tages-Anzeiger-Magazin», Zürich, der Aufsatz über Ingeborg Bachmann erschien in einer Kurzfassung zu ihrem 75. Geburtstag in «Der Bund», Bern, derjenige über Peter Handke in «text & kritik», Göttingen, die Aufsätze über Barbara Sichtermann, Hans Magnus Enzensberger und Elfriede Jelinek wurden in der Zeitschrift der Kultur «DU» in Zürich publiziert. Die Texte sind aufgrund der Erstpublikation von der Autorin leicht bearbeitet und aktualisiert worden. Duchamps Werk «Die Schriften» ist im Regenbogen Verlag, Zürich, erschienen.

Das Werk von Isolde Schaad im Limmat Verlag

Keiner wars

Roman

«Mehr Essay denn Roman, eher Gedankenspiel als Erzählung: Isolde Schaads melancholisches Buch ist ein Sprachkunststück.»

Die Weltwoche

«Das ist treffsicher, scharfsinnig und mit ausserordentlichem Sprachwitz geschrieben. Schaads neuer Roman geht mit irrwitzigen Alltagssituationen nicht eben sparsam um.»

Tages-Anzeiger

Mein Text so blau

Der Sound der Literatur

«Alle Stärken der Isolde Schaad sind versammelt: der ausgreifende Essay neben dem kurzen Poem. Sprachmächtig, geistreich, blitzgescheit, brillant, komisch. Und wunderbar poetisch.»

Buchjournal

«Die Autorin kann wirklich alles. Sie suhlt sich im Lifestyle-Genre, lässt Marcel Reich-Ranicki und Günter Grass aus dem Jenseits in einem Streitgespräch Bilanz ziehen und Liesl und Karl über den Bücherfrühling lästern, als wär die Szene von Karl Valentin. Das soll ihr zuerst einmal einer nachmachen!»

WochenZeitung

Body & Sofa
Liebesgeschichten aus der Kaufkraftklasse

«Endlich ein paar lustvolle Bissen in der literarischen Betroffenheitswüste … Endlich was zum Beissen im breit und behäbig dahinfliessenden Brei anwaltschaftlichen Bücherwirkens … Endlich Freude am Lesen und eine Welt, die uns wirklich alle angeht: die Welt der edlen Waren. Denn Logo, Label und Styling erst machen den elenden Verbraucher zum Menschen, verleihen ihm Charakter und Profil.»

Die Weltwoche

KüsschenTschüss
Sprachbilder und Geschichten zur öffentlichen Psychohygiene

«Sie beobachtet so scharf, dass die Individuen zu Retortentypen werden, auf Jargon programmiert. Isolde Schaads Idiolekte-Sammlung ist beeindruckend, ihre Respektlosigkeiten sind erfrischend, ihre Formulierungen zuweilen so brillant, dass sie wie Laserstrahlen blanke Gerippe freilegen. Es verschlägt einem die Sprache; ihre Pfeile sausen so treffsicher durch den Kultur-, Medien-, Polit-, Werbe-, Schul- oder Restaurantbetrieb.»

Hochparterre

Die Zürcher Constipation

Texte aus der extremen Mitte des Wohlstands

«Es ist ein Buch, das die ‹Constipation›, die Verstopfung, unter der sie die Stadt Zürich leiden sieht, zwar nicht beheben dürfte, allen unverstopft ausserhalb Lebenden hingegen eine genüssliche Lektüre verheisst. Mit den besten dieser Texte lässt Isolde Schaad ihr erlerntes Metier hinter sich. In ihnen gewinnen die Wörter literarische Qualität und leuchten mit ihrer eigenen Wirklichkeit die Wahrheit hinter der Fassade des Faktischen aus.»

Stuttgarter Nachrichten

Knowhow am Kilimandscharo

Verkehrsformen und Stammesverhalten von Schweizern in Ostafrika

«Schreibt pointiert, polemisch, oft sarkastisch – aber ohne Häme. Mit Witz und Brillanz erzählt die Autorin ihre Geschichten, mit unbestechlichem Blick und begrifflicher Trennschärfe analysiert sie umfassend das Verhalten der Helfer, vom selbsternannten Wohltäter bis zum Entwicklungshilfeprofi, deren sprachliche so gut wie kulinarische Gepflogenheiten.»

Neue Zürcher Zeitung